HIER STEHT WAS ALLE SUCHEN

[, ; : ? ! (-) ! ? : ; ,]

LYNNE TRUSS

Hier steht was alle suchen
Eats, Shoots and Leaves

Englische und deutsche Interpunktion
für alle, die zweisprachig lesen und schreiben

Aus dem Englischen übertragen
und ergänzt von
Käthe H. Fleckenstein

Autorenhaus Verlag

Bibliografische Information der Deutschen Bibliothek
Die Deutsche Bibliothek verzeichnet diese Publikation in der
Deutschen Nationalbibliografie; detaillierte bibliografische Daten
sind im Internet unter http://www.dnb.ddb.de abrufbar.

© Lynne Truss 2003
Titel der Originalausgabe: *Eats, Shoots & Leaves – The Zero Tolerance Approach to Punctuation*, Profile Books, London 2003

Umschlagabbildungen: Ralf Alexander Fichtner
Umschlaggestaltung: Sigrid Pomaska

Autorenhaus Verlag GmbH
Karmeliterweg 116
13465 Berlin

ISBN 3-932909-32-1
Deutsche Erstausgabe
© 2005 Autorenhaus Verlag GmbH

Nachdruck, auch auszugsweise, nur mit schriftlicher Genehmigung
des Verlags, die Verwendung in anderen Medien oder in Seminaren,
Vorträgen etc. ist verboten.
Umwelthinweis: Dieses Buch wurde auf chlor- und säurefreiem
Papier gedruckt.
Druck und Bindung: CPI Ebner & Spiegel, Ulm
Printed in Germany

Vorwort zur zweisprachigen Ausgabe

Wozu die Übersetzung eines Buchs, das sich mit englisch-deutscher Interpunktion beschäftigt? Haben Sie englische und deutsche Interpunktion nicht in der Schule gelernt? Oder ist es doch schon mal vorgekommen, dass Sie sich gefragt haben, ob Ihr Geschäftsbericht für die Sitzung des Aufsichtsrates, die Examensarbeit in Englisch oder das Manuskript für den britischen Verlag so ohne weiteres in Druck gehen könnte? Hat Ihr Freund oder Ihre Freundin aus England oder Amerika immer Zeit, um Ihre Entwürfe zu korrigieren? Sind Sie eigentlich sicher in Zeichensetzung – in der englischen und in Ihrer Muttersprache?

Sehen Sie – deshalb ein Buch über englische und deutsche Interpunktion. Vielleicht auch, weil Sie Interesse an Sprache haben, sich manchmal aufregen, wenn Sie irgendwo gar zu dumme Zeichensetzung entdecken, oder weil Sie schon immer wissen wollten, wozu man ein Semikolon eigentlich braucht, da wir doch schon das Komma haben.

In einer Zeit der sprachlichen Verkürzungen, des plakativen Wortgebrauchs, ist eine neue Sensibilität für die geschriebene und gesprochene Sprache nötig. Wenn Sie dieses Buch neugierig auf Sprache macht, auf ihren Gebrauch und die große Rolle, die die kleinen Zeichen dabei spielen, dann hat es seinen Zweck erfüllt.

Käthe H. Fleckenstein

*»Wir brauchen mehr und nicht weniger Interpunktion,
weil Satzzeichen den Sprachfluss und den Sinnzusammenhang
strukturieren.«*

Hans Zehetmair, ehemaliger bayerischer Staatsminister für Unterricht und Kultur und Präsident der Kultusministerkonferenz

INHALT

Einleitung: Der siebte Sinn	9
Der fügsame Apostroph	25
Das reicht, Komma	47
Stil und Allüren	79
Aufmerksamkeit erregende Zeichensetzung	101
»Ein kleines gebrauchtes Satzzeichen«	123
»Das ist doch alles nur Konvention!«	131
Bibliografie	147

*Zur Erinnerung an die
bolschewistischen Drucker von St. Petersburg,
die 1905 für das Setzen von Satzzeichen
den gleichen Lohn forderten wie für Buchstaben
und dadurch unmittelbar die erste Russische Revolution
mit ausgelöst haben.*

[, ; : ? ! (-) ! ? : ; ,]

EINLEITUNG: DER SIEBTE SINN

Plötzlich hing ein Transparent über der Einfahrt einer Tankstelle in meiner Nachbarschaft. »Come inside«, stand da zu lesen, »for CD's, Video's, DVD's and Book's.« Kommt Ihnen das nicht auch irgendwie bekannt vor?

Wenn Sie angesichts dieser teuflisch überflüssigen Auslassungszeichen keinen Schreck bekommen und Ihr Puls sich nicht beschleunigt, sollten Sie dieses Buch sofort zur Seite legen. Beglückwünschen Sie sich, dass Sie kein Interpunktionspedant sind. Denn dann sind Sie bestens gewappnet in einer Welt rasant fallender Zeichensetzungsstandards, und Sie brauchen sich nicht die Mühe zu machen weiterzulesen. In jedem echten Interpunktionspedanten aber wird der Anblick eines Apostrophs in Pluralworten wie »Book's« Entsetzen auslösen: Erst kommt der Schock. Der weicht innerhalb von Sekunden der Fassungslosigkeit, diese dem Schmerz, dem folgt die Verärgerung. Schließlich führt der Zorn zu dem begründeten Verlangen, mit Hilfe eines wasserfesten Filzstiftes ein kriminelles Delikt zu begehen.

Es ist ein hartes Los, in unserer Zeit ein Satzzeichenpedant zu sein. Man wagt fast nicht mehr, morgens aufzustehen. Klar, man hört gelegentlich einen Fanatiker guter Interpunktion über den Panda witzeln, der »eats, shoots and leaves«, der also »isst, schießt und geht«, statt dass er Schößlinge und Blätter frisst wie ein Panda: »eats shoots and leaves«. Sie sehen, was ich meine: kleines Komma, große Wirkung. Doch im Allgemeinen werden unsere Empfindlichkeiten von allen Seiten angegriffen, was zu Panikgefühlen und Vereinsamung führt.

Wohin man blickt, begegnet man Unwissenheit und Gleichgültigkeit bei der Zeichensetzung. »Two Weeks Notice«, stand in meterhohen Buchstaben auf den Werbeplakaten an den Seiten der Busse, so heißt der Film, und weit und breit kein Apostroph in Sicht. Ich weiß noch, wie ich zu Beginn der Werbekampagne für »Two Weeks Notice« im Frühjahr 2003 fröhlich pfeifend aus der U-Bahnstation Victoria Station kam, wie angewurzelt stehen blieb und die Hände vor den Mund hielt. Wo war der Apostroph? Da gehörte doch wohl ein Apostroph auf das Plakat! Wenn es hieße »one month's notice«, überlegte ich, dann stünde dort ein Apostroph. Ja, und wenn es hieße »one week's notice«, gäbe es dort ebenfalls ein Apostroph. Deshalb braucht auch »two weeks' notice« einen Apostroph! Busse, die ich hätte erreichen müssen (den 73er, zwei 38er), fuhren die Buckingham Palace Road hinauf, während ich mich ausführlich mit meinem inneren Pedanten beriet und mich weder bewegen noch einen Ausweg aus der Misere erkennen konnte.

Teil der eigenen Verzweiflung ist natürlich, dass die Welt sich nicht für die Schrecksekunden eines empfindsamen Interpunktionspedanten interessiert. Während wir entsetzt auf ein Schild mit fehlerhafter Zeichensetzung starren, dreht sich die Welt um uns herum weiter, blind für unsere Not. Wir sind wie der kleine Junge in dem Film »The Sixth Sense«, der tote Menschen sehen kann. Nur: Wir sehen tote Zeichen! Für alle anderen ist tote Zeichensetzung unsichtbar, keiner versteht diese Menschen mit dem siebten Sinn. Für die anderen sind wir Freaks. Wagen wir es, auf Fehler hinzuweisen, hört man ein schroffes: »Es gibt Wichtigeres im Leben.« Kein Wunder, dass man vorsichtig wird, unter solchen Bedingungen seine Einsichten kund zu tun. Schließlich kann man nicht so ganz sicher sein, dass Hexenverbrennungen nicht wieder eingeführt werden.

Um Sympathie für Interpunktionspedanten zu werben, verspricht wenig Erfolg. Man hat kein Mitleid mit ihnen. Sie kaufen nicht in Läden mit Angeboten für »eight items or less« (weil es »fewer« heißen muss). Und sie haben sich nach dem 11. September nicht nur über Osama bin Laden aufgeregt, sondern auch darüber, dass im Radio dauernd von »enormity« gesprochen wurde, wenn »magnitude« gemeint war. Sie beißen sich vor Ärger auf die Zunge, wenn Worte wie »phenomena«, »media« oder »cherubim« im Singular gebraucht werden (»The media says it was quite a phenomena looking at those cherubims«). Satzzeichenpedanten lesen kein Buch ohne Stift in der Hand, um Satzfehler zu korrigieren. Kurz gesagt, es sind unattraktive, besserwisserische Fanatiker, die den Blick für die Proportionen verloren haben und ständig in Gefahr sind, von ihren entnervten Familien enterbt zu werden.

Ich weiß noch genau, wann der Pedant in mir erwachte. Im Herbst 2002 machte ich unter dem Titel »Cutting a Dash« für BBC Radio4 eine Sendereihe über Zeichensetzung. Mein Produzent lud John Richards von der Gesellschaft zum Schutz der Apostrophe als Gesprächspartner ein. Mir gefiel die Vorstellung, dass es eine Gesellschaft zum Schutz der Apostrophe gab, die auf ihrer Website Fotos von Schildern wie »The judges decision is final« oder »No dogs« (es sollte heißen »judge's« und »No dog's«) zeigt. Wir machten mit Mr. Richards einen Spaziergang auf der Berwick Road, um seine Reaktionen auf die kreative Zeichensetzung einiger Gemüsehändler aufzuzeichnen (potatoe's und sowas) und sprachen dann darüber, wie man ein im Todeskampf liegendes Satzzeichen am besten schützen kann.

Die Gesellschaft zum Schutz der Apostrophe schreibt freundliche Briefe, sagte er. Darin werde der korrekte Gebrauch des Apostrophs erklärt und höflich der Wunsch geäußert, man möge den Rat befolgen, wenn das Anstoß erregende Schild eines Tages ersetzt würde. Genau da erwachte der Pedant in mir. »Aber das reicht doch nicht!«, rief ich. Und plötzlich hatte ich jede Menge Ideen. Wieso klebten wir keine Sticker mit dem Aufdruck »Dieser Apostroph ist überflüssig«? Wieso forderten wir die Leute nicht auf, sich nachts mit Farbeimer und Apostroph-Schablone auf den Weg zu machen? Wo war der militante Flügel der Apostroph-Schützer? Sollte ich nicht einen gründen? Und wo kauft man eigentlich diese Wollmützen mit den Augenschlitzen?

Für die Aufgaben der Satzzeichen gibt es viele verschiedene Metaphern. Manchmal werden sie mit Heftfäden verglichen, die das Gewebe der Sprache zusammenhalten, oder als Verkehrszeichen der Sprache angesehen. Sie sagen: Jetzt langsam. Pass auf. Achtung, Umleitung. Stopp. Eher fantastisch ist der Vergleich mit den »unsichtbaren Dienern in Märchen, die Wassergläser und Kopfkissen bringen, nicht Gewitter- oder Liebesstürme«. Am besten gefällt mir aber der Rat aus einem Stilhandbuch für Journalisten: Zeichensetzung sei »eine Höflichkeit gegenüber dem Leser, damit er eine Geschichte versteht, ohne dabei zu stolpern«.

Der Vergleich mit guten Manieren scheint mir geradezu perfekt, denn wirklich gute Manieren sind unauffällig: Sie ebnen anderen den Weg, ohne auf sich selbst aufmerksam zu machen. Es ist kein Zufall, dass die Wörter punctilious (Feinheit des Benehmens) und punctuality (Pünktlichkeit, Genauigkeit) die gleiche Wurzel haben wie punctuation (Zeichensetzung, Interpunktion). Texte wurden schon früher im Sinne der Zuvorkommenheit »punktiert«, um die Bedeutung zu unterstreichen und peinliche Missverständnisse zwischen Autor und Leser zu vermeiden. 1644 schrieb Richard Hodges, ein Schulmeister aus Southwark, in *The English Primrose*, man sollte »große Sorgfalt beim Schreiben walten lassen und gebührend die Punkte beachten, verdreht doch die Auslassung derselben den Sinn«. Das gilt noch heute, denken Sie an Ronnie Barker, wie er in dem Film »Porridge« den Schlusssatz eines Briefes an seinen Kameraden las: »Now I must go and get on my lover.«

Dann gab er vor, das Komma zu bemerken, und änderte den Text hastig zu: »Now I must go and get on, my lover.«

Um ehrlich zu sein: Viele Menschen, die mit Zeichensetzung nichts im Sinn haben, interessieren sich trotzdem dafür, wie Zeichensetzung den Sinn einer Wortkette verändern kann. Das ist die Grundlage aller Witze, die mit dem Satz beginnen: »Oh, Verzeihung, das muss ich noch einmal lesen ...« Statt »What would you with the King?« mag einer in Marlows *Edward II.* sagen: »What? Would you? *With the King*?«

Oder das im Deutschen bekannte »Was? Willst du schon wieder?« statt »Was willst du schon wieder?«, das in manchen Theatersälen schon zu Begeisterungsstürmen geführt hat. Die Folgen fehlerhafter Zeichensetzung (und ihre anschließenden Verbesserungsversuche) haben großen und kleinen Geistern gefallen, und im Zeitalter der E-Mails ist der Vergleich der folgenden beiden Sätze ein beliebtes Beispiel:

A woman, without her man, is nothing.
A woman: without her, man is nothing.

Ich kann mir nicht helfen, aber das gibt einem wirklich etwas zu denken, nicht wahr? Aber es gibt auch schwerwiegendere Missverständnisse durch Interpunktionsfehler, lesen Sie nur das Kapitel über Kommasetzung.

Zeichensetzung sorgt für die richtige Bedeutung. Sicher kann man sich auch über das rechte Maß an Zeichensetzung streiten und Autoren vorhalten, zuviel oder zu wenig davon zu verwenden. Peter Hall beschreibt in seinen Tagebüchern, wie er bei der Vorbereitung einer Hamlet-Aufführung mit Albert Finney den Text sozusagen filettierte und alle Satzzeichen daraus entfernte, die für den Sinn nicht unbedingt wesentlich waren – und dann mit den Konsequenzen leben musste: Am 21. August 1975 notiert er: »Shakespeares Texte sind immer absurd überpunktiert; Generationen von Gelehrten haben versucht, ihn zu einem guten Grammatiker zu machen.« Mag ja sein, aber schon am 22. September heißt es über die erste Probe: Es war »ein grobes Gestammel, die Schauspieler stolpern über Worte und betonen falsch«.

Was ist nur mit der Zeichensetzung passiert? Warum wird sie so missachtet, obwohl sie doch offensichtlich hilft, Durcheinander zu vermeiden? Bei der Schlagzeile »DEAD SONS PHOTOS MAY BE RELEASED« könnte man zum Beispiel von mindestens zwei toten Söhnen ausgehen, aber wer weiß? Ein Grund ist offenbar die derzeitige Unterrichtspraxis. Bis 1960 wurde in britischen Schulen Interpunktion routinemäßig unterrichtet. 1937 mussten Schulkinder auf dem Land bei einer Prüfung den folgenden Satz mit der richtigen Zeichensetzung versehen:

> Charles the First walked and talked half an hour after his head was cut off.

Lösung:

> Charles the First walked and talked. Half an hour after, his head was cut off.

Heute garantiert der landesweit gültige Lehrplan zum Glück, dass Kinder wieder die Kommaregeln lernen, und zwar bereits mit acht Jahren, auch wenn das Grammatikverständnis in diesem Alter noch recht schwach ausgeprägt ist. Für die Sendung »Cutting a Dash« besuchten wir eine Schule in Cheshire, in der Achtjährige lernten, Kommas

1. bei Aufzählungen,
2. vor Dialogen,
3. zur Hervorhebung zusätzlicher Informationen

richtig zu setzen.

Wir waren beeindruckt. Denn es ist nicht leicht, mit acht Jahren zu begreifen, was »zusätzliche Informationen« sind, ich hätte das sicher nicht geschafft. Aber trotz der Verbesserungen in den Lehrplänen kommt man nicht um die traurige Feststellung herum, dass Zeichensetzung und Grammatik in den meisten Schulen 25 Jahre lang einfach nicht unterrichtet wurden. Jahr für Jahr jammerten die Prüfer bei den Leistungskursen über den Zustand der Englischaufsätze – ohne jede Folgen. Die Prüflinge konnten »grammar« und »sentence« nicht einmal korrekt buchstabieren, geschweige denn korrekt anwenden.

Ich habe zwischen 1966 und 1973 die Grammar School, die Realschule, besucht, aber Zeichensetzung habe ich definitiv nicht in der Schule gelernt. Ich erinnere mich an einen peinlichen Moment in der fünften Klasse, als der Lehrer uns fragte:

»Aber ihr habt doch Grammatikunterricht gehabt?«, und wir alle betreten die Augen niederschlugen. Wir hatten Grammatikunterricht gehabt – in Latein, Französisch und Deutsch – aber die englische Grammatik, so meinten wir, sollten wir wohl durch Lesen herausfinden. Wahrscheinlich war das der Grund dafür, dass ich ständig »its« und »it's« verwechselte. Wie viele andere Menschen, denen man das nicht beigebracht hatte, vermutete auch ich, dass es bei »its« auch nach dem »s« einen Apostroph geben müsste, da es ja auch »it's« mit dem Apostroph vor dem »s« gab. Ich habe mich eine ganz Weile dadurch aus der Affäre gezogen, dass ich einen ganz kleinen Apostroph unmittelbar über dem »s« platzierte, um alle Eventualitäten abzudecken – *irgendwo* musste er ja hin.

Zum Glück interessierte mich Englisch wirklich sehr, und deshalb habe ich es schließlich doch begriffen. An Sonntagnachmittagen, an denen andere Mädchen mit ihrem Freund herumknutschten, hörte ich mir im Radio Ian Messiters Quizsendung »Many a Slip« an, in der gelehrte und amüsante Teilnehmer Grammatikfehler in Prosatexten aufspürten. Es war eine fantastische Sendung, und manchmal träume ich, es gäbe sie wieder. Als meine Freundinnen beim Isle-of-Wight-Festival über Abtreibung diskutierten, gab ich meinem neuen Exemplar von Eric Partridges *Usage & Abusage* einen Schutzumschlag, damit es ein Leben lang halten würde (das hat es!). Mir erschien das damals ganz normal, und es ist sicher kein Zufall, dass ich später als Lektorin arbeitete.

Aber zurück zu den dunklen Jahren des britischen Englischunterrichts, als die Lehrer glaubten, Grammatik und Buchstabieren verhindern den kreativen Selbstausdruck. Der Zeitpunkt dieser grammatischen Apathie hätte nicht schlechter gewählt sein können. Kein Lehrer hätte sich in den 70er Jahren träumen lassen, wie rasant sich die schriftliche Kommunikation durch PC, Internet und SMS einmal entwickeln sollte. Mittlerweile ist jeder ein Schriftsteller! Oder Kritiker:

> I watched this film (*About a Boy*) a few days ago expecting the usual hugh Grant bumbling ... character Ive come to loathe/expect over the years. I was thoroughly suprised. This film was great, one of the best films i have seen in a long time. The film focuses around one man who starts going to a single parents meeting, to meet women, one problem He doesn't have a child.

Jeder kann so genannte Kundenrezensionen bei »Amazon« veröffentlichen. Lesen Sie diese über das Fantasy-Buch *Krieg der Zwerge* auf »Amazon.de« (16 von 22 Kunden fanden diese »Rezension« hilfreich):

> geiles buch
> es ist erst das zweite buch das ich gelessen habe aber ich kann es nur jeden emfelen es hat mich angespornt noch merh bucher zu lessen ich fan es spanen und konnte garnich mehr auf hören zu lesen nur emfelens wert

Ist das nicht traurig? Da verbringen Menschen, denen man in der Schule die eigene Sprache nicht beigebracht hat, gegen alle pädagogischen Bildungserwartungen ihre Freizeit damit, zur Erbauung anderer Menschen Sätze zusammenzuschustern – und kein Lektor weit und breit! Aber in der SMS-Welt schadet die Unkenntnis von Grammatik und Zeichensetzung keineswegs der Fähigkeit, Nachrichten zu kommunizieren wie: »c u later«. Sobald jedoch der Text etwas länger wird, fühlt man sich an die Schreibversuche des kindlichen Pip aus Dickens' Roman *Große Erwartungen* erinnert:

> MI DEER JO I OPE U R KRWITE WELL I OPE I SHAL SON B HABELL 4 2 TEEDGE U JO AN THEN WE SHORL B SO GLODD AN WEN I M PRENGTD 2 U JO WOT LARX AN BLEVE ME INF XN PIP
>
> *mein Liber JO Ich hofe dier gets guht Ich hofe Ich werd dier balt leren könn JO un dann wehrden wier unnz freuhen un wenn Ich bei dier inne leere kom JO wird daß Schpass dein PIP*

Dennoch behaupten viele Menschen, ihre SMS immer mit Zeichensetzung zu schreiben. Für »Cutting a Dash« fragten wir nachmittags vor dem Palladium-Theater Passanten, ob sie bei ihren SMS Semikolon und Klammerzeichen verwenden. Zu unserer Überraschung bejahten neun von zehn Leuten diese Frage. Manche behaupteten sogar, alle Satzzeichen zu benutzen. »Ich hab's wirklich mit der Grammatik«, erklärte eine junge Neuseeländerin, und ein freundlicher, intellektuell wirkender Mann sagte: »Ich versuche, meinem 14-jährigen Sohn die richtige Zeichensetzung beizubringen.« Auch mein Versuch, ihnen wenigstens ein Hintertürchen offen zu lassen und darauf hinzuweisen, es sei doch nervig, sich durch das Interpunktionsmenü zu kämpfen, stieß auf Befremden. Wir waren offensichtlich in eine Gruppe von Grammatikfreaks geraten. »*Selbstverständlich* verwende ich Zeichensetzung bei meinen SMS, ich war im Englisch-Leistungskurs«, erklärte ein junger Mann herablassend. Ein Englisch-Examen ist anscheinend so etwas wie ein Ritterschlag bei Tolkien: Geh hin und schütze die englische Sprache mit deinem Bogen aus Elbengold!

Aber mal ehrlich: Glauben Sie das? Ich nicht. Die Leute, die wir befragten, haben das Mikrophon gesehen und schlicht geschwindelt. Wenn Sie den Zeitungsverkäufer auf den fehlenden Apostroph in der Schlagzeile »DEAD SONS PHOTOS MAY BE RELEASED« hinweisen, wechselt der sofort das Thema. Und wenn Sie sich – wie ich es getan habe – mit einem großen Apostroph an einem Besenstil vor ein Kino am Leicester Square stellen und damit zeigen, wie leicht man den Titel des Films »Two Weeks Notice« korrigieren könnte, finden Sie keinen einzigen Verbündeten; die Leute wissen gar nicht, was man will!

Was ist die Folge, wenn die Zeichensetzung nicht mehr angewandt wird? Nehmen wir die bereits erwähnten Metaphern: Wenn Zeichensetzung der Faden ist, der die Sprache zusammenhält, dann fällt sie ohne ihn auseinander und verliert alle Knöpfe. Wenn sie ein Verkehrszeichen ist, stoßen die Wörter zusammen und landen im Krankenhaus. Und wenn die Satzzeichen unsichtbare Märchenwesen sind, dann muss unsere arme Sprache völlig ausgedörrt und ohne Kopfkissen ins Bett. Und wenn wir das Bild der Satzzeichen als gute Manieren bemühen, hält uns ein Satzzeichen nicht länger höflich die Tür auf, sondern knallt sie uns vor den Kopf, wenn wir eintreten wollen.

Zeichensetzung ist kein tyrannisches System für eine neurotische Elite, sondern der einzig zuverlässige Weg zu einer klaren Aussage und Bedeutung. Zeichensetzung verbindet manche Wörter und trennt andere. Zeichensetzung legt fest, wie etwas zu verstehen ist, so wie Noten dem Musiker sagen, wie er zu spielen hat. Das Komma wurde vor zweitausend Jahren von griechischen Dramatikern erfunden, um Schauspielern zu zeigen, wo sie Atem holen sollen – und heute erklärt man wie folgt, dass eine Katze kein Komma ist:

> A cat has claws at the end of the paws.
> A comma's a pause at the end of a clause.

Wörter, ohne jedes Satzzeichen aneinander gereiht, ähneln den verschwommenen Wandbildern von Rolf Harris, die man betrachtet und den Kopf schief legt, weil man nicht erkennt, was sie eigentlich zeigen. Und dann taucht Rolf einen kleinen Pinsel in einen Eimer weiße Farbe, fügt hier eine Linie und dort einen Punkt ein und stellt dann die zeitlose Frage: »Sehen Sie jetzt, was es ist?« Und plötzlich ist alles klar. Jetzt sieht man nicht mehr nur den riesigen Farbklecks, sondern das Känguru mit den Fußballschuhen, das ein Sandwich isst! Dasselbe gilt für einen Prosatext ohne Satzzeichen: Setzen Sie die Satzzeichen an die richtige Stelle und dann lesen Sie:

> My dear Joe,
> I hope you are quite well. I hope I shall soon be able to teach you, Joe – and then we shall be so glad. And when I am apprenticed to you, Joe: *what larks!* Believe me, in affection,
> Pip

Spätestens seit Dr. Johnson weiß jeder Sprachexperte, dass man Sprache nicht einbalsamieren kann. Sie muss sich verändern und anpassen. Sollte Pips ursprünglicher Text einmal genauso lesbar sein wie der eben vorgeführte, können wir unsere Zeichensetzung für tot erklären, ohne dass ihr jemand eine Träne nachweint. In den folgenden Kapiteln werden wir sehen, wie sie sich den Konventionen des Druckerhandwerks unterwirft (das tun alle Satzzeichen) und sich weiterentwickelt, damit sie auf dem Papier klarer dargestellt werden kann. Beim Kampf um die Erhaltung der bedrohten Zeichensetzung sollte nicht vergessen werden, dass das heute fehlerfrei und elegant erscheinende System vor wenigen hundert Jahren die Leser entsetzt hätte. Wieso beginnen wir im Englischen heute die Hauptwörter nicht mehr mit einem Großbuchstaben? Wo sind die Punkte nach Abkürzungen? Warum gibt es keinen Gedankenstrich hinter dem Doppelpunkt? Und wo sind all die Kommas hin? Und wo der Bindestrich in »to-day«? Was sind wir denn heutzutage für Zeichensetzungs-Drückeberger?

Den Großbuchstaben am Anfang eines Satzes und den Punkt an dessen Ende hat es nicht immer gegeben. Der Anfangsbuchstabe eines Satzes wurde zum ersten Mal im 13. Jahrhundert groß geschrieben, setzte sich aber als Regel erst im 16. Jahrhundert durch. Vom 4. bis zum 7. Jahrhundert wurde in den Handschriften der erste Buchstabe einer Seite illuminiert, ob er den Anfang eines Satzes bildete oder nicht. (Übrigens: Erinnern Sie sich noch an die Szene aus »Not the Nine O'Clock News«, in der ein alter, erschöpfter Mönch, der in jahrelanger Arbeit die erste Seite der Bibel koloriert hatte, erleichtert seinen gebeugten Rücken streckt und dann sieht, dass er »Benesis« statt »Genesis« geschrieben hat?) Heute ist der Großbuchstabe am Anfang eines Satzes so selbstverständlich, dass die Textverarbeitungsprogramme einen kleinen Buchstaben am Satzanfang automatisch korrigieren. Pech für e. e. cummings und Gefährten, aber Glück für alle, die nachts nicht schlafen können, weil sie sich Sorgen um die Verwirrung in den Köpfen der Teenager machen, die durch die zunehmende Kleinschreibung bei Buchtiteln, Bildunterschriften, Firmennamen und (natürlich) im Internet und in E-Mails ausgelöst wird.

Ich will in diesem Buch zeigen, wie man einen solchen einzelnen Aspekt der Sprache durch eine Kombination von beschreibenden und vorschreibenden Ansätzen fassen kann. Beschreibende Linguisten beobachten, notieren und analysieren, wie sich die Sprache verändert, ohne sich dabei die Haare zu raufen. Sie sehen in dem fehlenden Apostroph zum Beispiel in »Books« ein Anzeichen dafür, dass die Kenntnis von seiner Anwendung verloren gegangen ist. Dieser Ansatz ist vernünftig, wenn auch etwas unterkühlt.

Auf der anderen Seite stehen die vorschreibenden Linguisten, die 1943 in der Schule gelernt haben, dass man einen Satz nie mit »And« oder »But« beginnt, und seitdem nur noch Unwissenheit und Torheit am Werk sehen und daher den Großteil der modernen Literatur am liebsten verbrennen würden.

Irgendwo zwischen diesen beiden Standpunkten sollten wir stehen: unnachgiebig, aber flexibel. Carey hat in *Mind the Stop* gesagt, Zeichensetzung sei »zu zwei Dritteln eine Sache der Regeln und zu einem Drittel eine Sache des persönlichen Geschmacks«. Ich würde lieber sagen: In manchen Fällen gibt es nur die richtige oder die falsche Zeichensetzung, in anderen sollte man ein gutes Gefühl für die Aussage eines Satzes haben. Zeichensetzung sollte so klar wie möglich sein, das heißt, ein Apostroph kommt dahin, wo er hingehört, und dafür kämpfe ich, ganz im Sinne William Blakes (1757–1827): »I will not cease from mental fight,/ nor shall my sword sleep in my hand« (aus dem Gedicht »Jerusalem«), so lange, bis jeder den Unterschied zwischen »its« und »it's« begriffen hat und Schlagzeilen nicht länger »DEAD SONS PHOTOS« ankündigen, ohne klar zu sagen, ob die in Frage kommenden Fotos einen Sohn oder mehrere zeigen. Es gibt das Gerücht, im öffentlichen Dienst seien die Mitarbeiter angewiesen worden, Apostrophe wegzulassen, weil ohnehin niemand wüsste, wo sie hingehören – mit diesem Pragmatismus will ich mich nie abfinden, um mit Winston Churchill zu sprechen. Mit welchem Recht maßt sich eine Verwaltung – oder Warner Brothers – an, über ein Satzzeichen zu entscheiden? Wann gibt der erste Publikumsverlag einen grammatisch falschen Titel zum Druck frei? Wann werden die letzten Kommafans ins Exil gezwungen?

Die Zeit zum Handeln ist gekommen! Interpunktionspedanten, vereinigt euch! Ihr habt nicht mehr zu verlieren als euren Sinn für Angemessenheit, und davon habt ihr, um das gleich zu sagen, wohl sowieso nicht sehr viel. Die Welt werden wir nicht verändern, aber zumindest geht es uns besser. Es gilt, unsere inneren Pedanten zu befreien, ohne eins auf die Nase zu kriegen oder wegen Sachbeschädigung eingesperrt zu werden. Es gibt die Kampagne »Pipe down« gegen zu laute Musik. Unser Schlachtruf heißt »Pipe up!« – »Macht den Mund auf!«. Werdet zur Landplage! Werdet aktiv und greift zu den Waffen, das heißt zum knallroten Filzstift! Schickt E-Mails und Briefe mit falscher Zeichensetzung zurück, stellt euch mit Plakaten vor Harrods oder vor das KaDeWe. Das vertreibt die Depressionen beim Anblick von Schildern, die »CD's, DVD's, Video's and Book's« annoncieren. Null Toleranz! Wir sind nicht allein!

Vereinsamung war immer unser Hauptproblem. Dazu kommen einige typisch englische Charakterzüge: höfliche Reserviertheit (es ist unhöflich, jemandem zu sagen, dass er Unrecht hat), Apathie (es wird sich schon jemand drum kümmern) und Feigheit (soll man sich wegen einer mit dem Tod ringenden Drucktradition zusammenschlagen lassen?).

All das trifft nicht unbedingt auf die deutsche Mentalität zu. Ein Charakterzug der Deutschen ist deren Dampfwalzenehrlichkeit – und -rechthaberei. Selbst die Gutwilligen werden durch einen geradeheraus harsch ausgesprochenen Hinweis auf einen – zugegeben oft banalen – Fehler eher abgeschreckt und noch störrischer reagieren. Dennoch bin ich zuversichtlich. Ich glaube wirklich daran. Und mein innerer Satzzeichenpedant meldet sich mittlerweile auf ziemlich alarmierende Weise.

Allerdings müssen wir noch eine Hürde überwinden. So gerne ich eine Interpunktions-Bürgerwehr gründen würde, so sehr fürchte ich mich vor deren Selbstzerfleischung. Mit Sicherheit wird sich eine »Anti-Oxford-Komma-Fraktion« abspalten (das Oxford-Komma ist das zweite Komma in »ham, eggs, and chips«), die dann von der Fraktion der Freunde sparsamer Silbentrennung erbittert bekämpft würde. Evelyn Waugh hat einmal gesagt: »Schon immer hat jeder alle anderen Gewohnheiten als seine eigenen als barbarisch oder pedantisch betrachtet.« Kingsley Amis meint in seinem Buch *The King's English* etwas weniger empfindsam, die Grammatikwelt teile sich ein in »Berserker und Wichser« – Berserker gehen haarsträubend schlampig mit der Sprache um, und Wichser seien abscheulich pingelig. Überließe man die Sache den Berserkern, stürbe die englische Sprache »an der Unreinheit wie das späte Latein«. Überließe man sie den Wichsern, stürbe sie »an der Reinheit wie das mittelalterliche Latein«. Der Nachteil liegt auf der Hand: Wer ganz selbstverständlich alle anderen für Berserker beziehungsweise Wichser hält, wird sich nur schwer im Dienste einer gemeinsamen Sache verbünden können.

Falls Sie diese Bedenken für übertrieben halten, nun, Milan Kundera trennte sich einmal von einem Verleger, der ein Semikolon unbedingt durch einen Punkt ersetzen wollte. Lektoren, die gemeinsam an einem Text arbeiten und die gleichen Handbücher verwenden, setzen Bindestriche ein, nehmen sie wieder heraus und setzen sie erneut ein – wenn es sein muss, den ganzen Tag lang. Bei der Zeitschrift, bei der ich von 1986 bis 1990 Literaturredakteurin war, setzte eine bestimmte Kollegin buchstäblich Dutzende überflüssiger Kommas in meine Texte, jedes einzelne war wie ein Giftpfeil in meinem Körper. Natürlich habe ich meinen Ärger für mich behalten. Ich dankte ihr, beäugte den Kommaregen auf den Fahnen, wartete, bis sie gegangen war, und dann strich ich fieberhaft alles wieder aus, was sie hineinkorrigiert hatte. Wohlgemerkt, hier ging es nicht um *richtige oder falsche* Kommasetzung – es war reine Geschmackssache.

Hier steht was alle suchen – Eats, Shoots & Leaves ist kein herkömmliches Grammatikbuch. Und ich bin keine herkömmliche Grammatikerin. Man braucht auch kein Hochschulexamen, um zu entscheiden, ob eine Klammer oder ein Gedankenstrich richtig ist oder wo statt eines Kommas ein Semikolon stehen sollte. Würde ich nicht fest daran glauben, dass jeder Mensch begreifen kann, wo ein Apostroph hingehört, hätte ich dieses Buch nicht geschrieben. Es ist auch kein Buch über Zeichensetzung; davon gibt es genug, sogar ein lustiges Kinderbuch nach dem Motto »Hey! Doof sein ist uncool!«, was natürlich nicht stimmt, aber man muss den Verlag dafür bewundern.

Leider werden all die Grammatikbücher hauptsächlich von lernbegierigen Ausländern gelesen und nicht von Muttersprachlern, die am meisten deren Hilfe benötigen, die die letzten Menschen sind, die wenigstens die Anstrengung unternehmen, solche Bücher zu kaufen und zu lesen. Das erinnert mich an eine Szene aus Woody Allens »Small Time Crooks«, in der ein schmieriger Hugh Grant den ignoranten Neureichen Allen und Tracy Ullman seine Hilfe für jede Art kultureller Bildung anbietet. »Gibt es etwas, das Sie wissen möchten?«, fragt er Allen, der während des Gesprächs missmutig dasaß. Allen sagt widerstrebend: »Nun, ich möchte gerne wissen, wie Connecticut buchstabiert wird.« Welch ein großartiger Satz das ist. *Ich möchte gerne wissen, wie Connecticut buchstabiert wird.* Wenn es Ihnen ähnlich geht und Sie schon immer mal wissen wollten, an welcher Stelle man einen Apostroph verwendet, könnte es sein, dass Sie es nie herausfinden werden, nicht wahr? Vielleicht nur deshalb, weil es so schrecklich einfach herauszufinden ist.

Wenn dieses Buch also kein Grammatikbuch ist, was ist es dann? Vielleicht kennen Sie die Ratgeber, die Ihnen die Erlaubnis geben, sich selbst zu lieben. Dieses Buch gibt Ihnen die Erlaubnis, die kleinen Zeichen zu lieben. Es erklärt die Entstehung der heutigen Zeichensetzung, beschreibt, wie wir mit Hilfe eines so kleinen und anpassungsfähigen Systems uns verständlich ausdrücken können und wie ein Gemüsehändler vor langer Zeit

Königin Elisabeth I. dazu anregte, den Posten eines königlichen Apostrophisten zu schaffen.

Doch hauptsächlich soll es Gleichgesinnte ermutigen, ihren siebten Sinn zu genießen und stolz auf ihre Fähigkeit zu sein, tote Zeichensetzung zu sehen und sich dennoch den Humor zu bewahren. Ich habe zwei Cartoons, die ich schätze. Der erste zeigt zehn römische Legionäre in einer Reihe, von denen einer am Boden liegt, mit einer fröhlichen Zeile darunter, was ein Überlebender der Schlacht von sich gibt: »Hey, this decimation isn't as bad as they say it is!« Der zweite zeigt eine Menge indifferenter, dümmlich aussehender Menschen, die vor einem Gebäude stehen. Hinter ihnen steht ein großes Schild mit der Aufschrift »Illiterates' Entrance«. Und wollen Sie die schreckliche Wahrheit wissen? In der Originalzeichnung hieß es auf dem Schild »Illiterate's entrance«, ich musste das einfach ändern und pinselte mit Tipp-Ex über den falschen Apostroph, setzte ihn an die richtige Stelle. Ja, einige von uns wurden geboren, um einer Zeichensetzungs-Bürgerwehr anzugehören.

[, ; : ? ! (-) ! ? : ; ,]

DER FÜGSAME APOSTROPH

Im Frühjahr des Jahres 2001 stellte die Fernsehshow »Popstars« eine Gesangsgruppe namens Hear'Say vor. Schon die Ankündigung war ein Ereignis, denn Zeitungen, die auf eine korrekte Anrede Wert legen, lernten plötzlich, den Apostroph bei Hear'Say »richtig« zu platzieren. Die Gruppe als Hearsay (in einem Wort) vorzustellen, wäre falsch. Sie Hear-Say zu nennen (mit einem Bindestrich), wäre Zeichen peinlicher Unwissenheit auf dem Gebiet der Popkultur. Und so kam es, dass der arme, so seltsam platzierte Apostroph in Hear'Say überall abgedruckt wurde, und niemand nahm auch nur einen Moment lang wahr, wie er litt. Niemand sah seine traurige Position, wie er in ewiger Bedeutungslosigkeit da hing und allen schweigend signalisierte, die es sehen wollten: »Ich bin ein rechtmäßiges Satzzeichen – holt mich hier raus!« Als ich einige Jahre später die Website der Gruppe besuchte, entdeckte ich die einzige gute Nachricht bei dieser ganzen traurigen Angelegenheit: Die Gruppe ging 18 Monate nach ihrer Entstehung, Gott sei Dank, ein.

Gewalt gegen Zeichensetzung wird nicht von der Justiz verfolgt. Man kommt problemlos damit durch, Missbrauch mit Semikolons, Fragezeichen und Apostrophen zu treiben. Die Zeichensetzung in Hear'Say war dennoch ein Meilenstein auf dem Weg in die Zeichensetzungs-Anarchie. Der fügsame Apostroph hat in unserer Sprache immer mit Enthusiasmus und Eleganz seine Arbeit getan, doch er wurde nie ernst genommen. Man hielt sein Talent zur Anpassungsfähigkeit für selbstverständlich; und heute, wo jede grafische Frivolität erlaubt zu sein scheint, zahlen wir den Preis dafür. Zu viel wurde dem winzigen Zeichen aufgebürdet, und der Apostroph hat, anscheinend ohne sich zu beschweren, gefordert: »Mehr Gewicht«. Gerade so wie der zum Märtyrertum neigende alte Kauz in Arthur Millers *Hexenjagd*, als bigotte Frömmler ihn zum Tod verurteilten. »Mehr Gewicht«, hat der Apostroph tapfer – wenn auch schwächer – gesagt. »Mehr Gewicht«, schaffte er gerade noch zu hauchen. Aber mal ehrlich: Wie viel Missbrauch muss der Apostroph noch ertragen? Wäre es heute, da idiotische Show-Promoter aus rein dekorativen Gründen Apostrophe in Namen stecken, nicht an der Zeit zu erkennen, dass der Apostroph Hilfe braucht?

Die englische Sprache führte erstmals im 16. Jahrhundert den Apostroph ein. Das Wort »Apostroph« bedeutet im Griechischen eigentlich »abgewandt«, »abfallend«, daher »Auslassung« oder »Elision«. In klassischen Texten wurde er verwendet, um ausgelassene Buchstaben zu kennzeichnen, so wie in *t'cius* für »tertius«. Als englische Schriftsetzer ihn übernahmen, war dies immer noch seine einzige Aufgabe. Man denke an den pedantischen Dorfschulmeister Holofernes in *Verlorene Liebesmüh'*, der sagt: »Ihr findet nicht die Apostrophen, und darüber verfehlt ihr den Akzent.« Was man wissen muss, ist, dass zu Shakespeares Zeiten der Apostroph ausgelassene Buchstaben kennzeichnete, so wie in Hamlet: »'Tis a consummation devoutly to be wish'd«; und sogar: »I am too much i' the sun« – der letzte Apostroph zufällig ein klarer Fall von Eitelkeit eines Schriftstellers, der ein neumodisches Satzzeichen nur um seiner selbst verwendet. Zahllose Generationen ernsthafter langhaariger Schauspieler wurden so dazu verdammt, mit wissender Miene »*i'*« zu sagen – als würde dies tatsächlich irgendetwas zur Bedeutung beitragen.

Wäre das Leben des Apostrophs nur so einfach geblieben. Irgendwann im 17. Jahrhundert begannen die Setzer jedoch, bei besitzanzeigendem Singular vor das »s« einen Apostroph einzufügen (»the girl's dress«), und von da an drehte sich die Spirale des Wahnsinns weiter. Im 18. Jahrhundert setzten die Drucker es auch nach dem Possessiv-Plural-s (»the girls' dresses«). Einige Grammatikhistoriker behaupten, dass der ursprüngliche Gebrauch des Apostrophs beim Possessiv eine Zusammenziehung des historischen »his« anzeigte, und ich selbst glaubte diese Theorie viele Jahre lang. Nur weil ich Ben Johnsons Stück »Sejanus, his Fall« kannte und überlegte, dass sie »Sejanus's Fall« halbwegs logisch erklären würde. Aber ich wette, es gibt dazu abweichende Meinungen. Andere Historiker sagen, diese »Love-his-Labour-Is-Lost«-Theorie sei eine dümmliche Mutmaßung, die sofort wieder vergessen werden sollte. Gewiss geht diese Henry-his-Wives (Henry's Wives)-Erklärung bei vernünftiger Betrachtung baden, nämlich wenn man sie auf das weibliche Possessiv anwendet, denn »Elisabeth her Reign« würde logischerweise zu »Elisabeth'r Reign«, und wie hört sich denn das an?

»Wenn nur alle Satzzeichen so einfach wären«, sagte G. V. Carey noch vor sechzig Jahren in seinem Buch *Mind the Stop* über den Apostroph. Aber damals war der Unterschied zwischen »Am I looking at my dinner or the dog's?« und »Am I looking at my dinner or the dogs?« eben noch geläufig.

Welche Job-Beschreibung hat der Apostroph derzeit in seiner Vita? Bevor man sich wegen der nachlässigen, unkundigen Verwendung des Apostrophs heutzutage die Haare rauft, sollte man sich erst einmal den *Oxford Companion of English Literature* zur Hand nehmen: »Es hat niemals ein goldenes Zeitalter gegeben, in dem die Regeln für den Possessiv-Apostroph klar festgelegt und bekannt waren, verstanden und von den meisten gebildeten Menschen angewendet wurden.« Schauen wir mal, ob die Regeln für das bekannt sind, was moderne Grammatiker besitzanzeigendes Bestimmungswort und Possessivpronomen nennen – bei denen *kein* Apostroph benötigt wird.

Kein Apostroph bei besitzanzeigenden Bestimmungswörtern:

my	our
your	your
his / her	their
its	their

Kein Apostroph bei besitzanzeigenden Fürwörtern:

mine	ours
yours	yours
his / hers	theirs
its	theirs

Nun die zahlreichen wichtigen Aufgaben, die der Apostroph jeden Tag freundlicherweise ausführt:

1. Der Apostroph zeigt bei *Singular-Nomen* den Genitiv an:

The boy's hat
The First Lord of the Admirality's rather smart front door

Das scheint einfach zu sein. Aber gemach. Wenn es sich um ein *Plural-Nomen* handelt, das nicht auf »s« endet, steht der Apostroph *vor* dem besitzanzeigenden »s«:

The children's playground
The women's movement

Endet der Plural jedoch auf »s«, steht der Apostroph *danach*:

The boys' hats (*hier geht es um mehr als nur um einen boy!*)
The babies' bibs

Entschuldigung, wenn Sie das alles schon wissen! Aber viele Leute wissen es eben nicht. Sonst würden sie nicht einen großen Spielplatz für Kinder anlegen und zur Eröffnung ein Plakat aufhängen, auf dem zu lesen ist: »*Giant Kid's Playground*«, um sich dann zu wundern, warum keiner den Spielplatz benutzt. Natürlich haben alle Angst vor dem Riesenkind.

2. Der Apostroph zeigt die zeitliche Dauer und Menge an:

In one week's time (*Singular-Gebrauch*)
Four yards' worth (*Plural-Gebrauch*)
Two weeks' notice (*Warner Brothers, merkt's euch!*)

3. Der Apostroph spart Zahlen und Ziffern in einem Datum:

The summer of '68

4. Der Apostroph schluckt Buchstaben:

We can't go to Jo'burg (We cannot go to Johannesburg – *vielleicht, weil da jemand den Mittelteil des Wortes nicht buchstabieren kann?*)

Übliche Verkürzungen wie bus (omnibus), flu (influenza), phone (telephone), photo (photograph) und cello (violoncello) werden inzwischen ganz ohne Apostroph geschrieben.

Manche Kurzformen sind sogar zu neuen Wortkreationen geworden. Es gibt in dem Wort »nuke« (Nuklearsprengkopf) oder »telly« (television) keine Stelle, an der ein Apostroph angebracht werden könnte – obwohl, und das können Sie mir glauben, manche Leute das versucht haben.

»It's«, die bekannteste Verkürzung, leistet Schwerarbeit:

It's your turn (it is your turn)
It's got very cold (it has got very cold)

Alle, die sich um korrekte Interpunktion bemühen, verzweifeln bei Sätzen wie »Thank God its Friday!«. Die Verwechslung des Possessivs »its« (ohne Apostroph) mit der Zusammenziehung von »it is« zu »it's« (mit Apostroph) ist ein untrügliches Zeichen für Analphabetismus und löst in jedem Apostroph-Verteidiger Aggressionen aus. Die Regel lautet:

Das Wort »it's« steht für »it is« oder »it has«. In allen anderen Fällen muss es »its« heißen.

It's und its zu verwechseln, ist der größte Verstoß gegen Sprachgefühl und Grammatik. Egal, ob Sie einen Doktortitel und bereits alles von Henry James zweimal gelesen haben. Wenn Sie trotzdem darauf bestehen, »Good food at it's best« zu schreiben, verdienen Sie es, vom Blitz getroffen, auf der Stelle geviertelt und in einem anonymen Grab verscharrt zu werden.

5. Der Apostroph zeigt Dialekt- und Slangtextstellen an sowie, dass das Englische nicht korrekt verwendet wird:

Ein Wald von Apostrophen, der häufig noch von ungewöhnlichen Großschreibungen begleitet wird, kennzeichnet in wörtlicher Rede oder im Dialog meist einen Bauern, einen Cockneysprecher oder einen Bewohner aus dem Norden der Insel. Hier das Beispiel des Wildhüters Mellors, der im achten Kapitel von D. H. Lawrences *Lady Chatterley's Liebhaber* zur Frau seines Arbeitgebers sagt:

> »'Appen yer'd better 'ave this key, an' Ah min fend for t'bods some other road ... 'Appen Ah can find anuther pleece as'll du for rearin' th' pheasants. If yer want ter be 'ere, yo'll non want me messin' abaht a' th' time.«

Im Deutschen liest es sich dann folgendermaßen:

> »Sie nehm' vielleicht besser diesen Schlüssel, ich werd für die Kük'n 'n annern Platz fin'. ... Ich mein, vielleicht kann ich 'n annern Platz zum Aufziehn der Fasanen fin'. Wenn se hier sein wolln, dann wolln Se sicher nich, dass ich hier rumwühl.«

Woraufhin Lady Chatterley sich kühl erkundigt: »Warum sprechen Sie kein ordentliches Englisch?«

6. Der Apostroph lebt auch in irischen Namen wie O'Neill oder O'Casey

Weit verbreitet ist die Meinung, dass es sich um die Abkürzung von »of« handelt (wie bei John o' Gaunt, was voll ausgeschrieben John of Gaunt bedeutet). Doch das stimmt nicht: Die wenigsten Nicht-Iren wissen, dass das »O« in irischen Namen eine Anglisierung des gälischen »ua« ist, was »Enkel« bedeutet.

7. Der Apostroph deutet den Plural von Buchstaben an:

How many f's are there in Fulham?

Fußballfans lieben diese Frage und beantworten sie hinterhältig mit: »There's only one f* * *** in Fulham.« Was soviel bedeutet wie: »Wenn die kicken, geht sowieso kein Aas hin.« Oder so ähnlich ...

8. Der Apostroph zeigt Pluralworte an:

What are the do's and don't's?
Are there too many but's and and's at the beginning of sentences these days?

Im amerikanischen Englisch ist im Plural alles viel einfacher:

Twos, threes, yeses and noes, the ands, ifs and buts, ups and downs.
Aber: the do's and don'ts, the which's and that's

Hoffentlich wächst das Mitleid mit dem geduldigen Apostroph angesichts einer so langen Liste von Verantwortlichkeiten. Schon der Punkt ist ziemlich wichtig, aber im Vergleich zum vielseitigen Apostroph ist er recht phlegmatisch, tut immer nur eine Arbeit nach der anderen, diese zwar gut, aber dann wird kein weiterer Gedanke an sie verschwendet. Der Apostroph dagegen ist rührig, nahezu multifunktional und immer in Gefahr, sich bei all den undankbaren Aufgaben dem Burn-out-Syndrom auszusetzen.

Nur eine wichtige Aufgabe wurde dem Apostroph in den vergangenen Jahren genommen: Er erscheint nicht mehr in Pluralabkürzungen wie »MPs« oder in Mehrzahldaten wie »1980s«. Bis vor kurzem war es noch üblich, »MP's« zu schreiben oder »1980's«.

Um Sie nun ein wenig zu verwirren: Im amerikanischen Englisch ist es immer noch so: »1920's« oder »spirit of the 1960's«.

Es ist nun mal die Art von Liebhabern der kleinen Zeichen, solche Dinge nicht unbeachtet zu lassen. Viele Jahre lang betrieb Keith Waterhouse, von Millionen Lesern unterstützt, eine »Gesellschaft zur Abschaffung anormaler Apostrophensetzung« im »Daily Mirror« und danach in der »Daily Mail«. Er hat Hunderte von Beispielen abgedruckt. Mein Lieblingsbeispiel: »Prudential – were here to help you.« (»Prudential – waren hier, um Ihnen zu helfen.«) Das sieht ein bisschen beunruhigend aus, bis man herausfindet, dass »were« eigentlich »we're«, also »we are« heißen sollte: »Prudential – wir sind da, um Ihnen zu helfen«. Kevin Myers, Kolumnist der »Irish Times«, veröffentlichte kürzlich eine fiktive Geschichte über einen Mann, der der *League of Signwriter's and Grocer's and Butcher's Assistant's* (Vereinigung des Schildermalers, des Gemüsehändlers und des Metzgergesellen) beitritt und schließlich Ärger mit seiner Freundin bekommt, die etwas gegen falsche Zeichensetzung beim Plural hat.

Unterdessen veröffentlichte William Hartston, »Beachcomber«-Kolumnist des »Express«, die wirklich grandiose Geschichte des Königlichen Apostrophisten, eine alte und ehrenhafte Position, die zu Regierungszeiten Queen Elizabeths I. eingeführt wurde: Man erzählte sich, dass ein einfacher Gemüsehändler, als er gerade am Hof der guten Queen Bess Kartoffeln anlieferte, zufällig einen falsch gesetzten Apostroph in einem königlichen Dekret entdeckte. Als er darauf hinwies, schuf die Königin sofort das Amt des Königlichen Apostrophisten. Der derzeitige Königliche

Apostrophist, Sir D'Anville O'M'Darlin', beschäftige sich zur Zeit mit so dringenden Angelegenheiten wie der Neigung »trendiger Verlage«, Fragezeichen durch Doppelpunkte und Gedankenstriche zu ersetzen ...

Kümmern sich außer professionellen Autoren auch andere Leute um solche Dinge? Ja, und ich habe jede Menge Beweise dafür. Als ich dieses Buch vorbereitete, schrieb ich einen Artikel für »The Daily Telegraph«, in der Hoffnung, einige Horrorgeschichten über Zeichensetzung geliefert zu bekommen, und es war, als sei ein Damm gebrochen. Hunderte von E-Mails und Briefen kamen. Alle bestätigten, dass wir Interpunktionspedanten ein erstaunlich gutes Gedächtnis haben, wenn es um Zeichensetzungsfehler geht (»Es war 1987, das vergesse ich nie, auf dem Schild stand: CREAM TEA'S«), und sie bewiesen damit die berechtigte Verzweiflung aller Gebildeten in dieser trostlos ungebildeten, schreibunkundigen Welt. Beim Lesen der Briefe war ich abwechselnd hoch erfreut, dass so viele Menschen reagiert hatten, und dann wieder deprimiert angesichts der zahlreichen Beweise für britische Dummheit und Gleichgültigkeit. Die Mehrzahl der Briefe betraf falsch gesetzte Apostrophe in *potatoe's* und *lemon's*. Eines jedoch war interessant: Als ich anfing, die Beispiele zu analysieren und zu sortieren, entdeckte ich, dass das *Obst- und Gemüsehändler-Apostroph* nur *eine* Form des deprimierend falschen Apostrophgebrauchs war. Hier nur eine winzige Auswahl der eingesandten Beispiele:

Singular Possessiv statt des einfachen Plurals:
– Trouser's reduced (*schade, nur eine*)
– Coastguard Cottage's (*eine ganze Ferienhaussiedlung!*)
– Next week: nouns and apostrophe's! (*Website der BBC mit der Ankündigung eines Grammatikkurses für Kinder*)

Singular Possessiv statt Plural Possessiv:
– Pupil's entrance (*entdeckt in einer vermutlich sehr wählerischen Schule*)

- Adult Learner's Week (*der Glückliche, eine ganze Woche für sich allein!*)
- Frog's Piss (*allgemein für französischen Wein, ein bisschen viel für einen einzelnen Frosch*)
- Member's May Ball (*aber mit wem wird das einsame Mitglied wohl tanzen?*)

Plural Possessiv statt Singular Possessiv:
- Lands' End (*Versandhaus, das rund heraus verneint, dass da etwas falsch im Namen ist*)
- Bobs' Motors

Kein Possessiv, obwohl er eigentlich benötigt würde:
- Citizens Advice Bureau
- Mens Toilets
- Britains Biggest Junction (*Clapham*)

Durch die falsche Verwendung von Plural oder Singular erzeugte Erwartungen:
- Anzeigen offerieren einen Dekoservice für »wall's – ceiling's – door's etc«.
- Ein Zeitungsaufmacher verkündet »Fan's Fury At Stadium Inquiry«, was ganz interessant klingt, bis man in die Zeitung schaut und feststellt, dass es in der Geschichte um die übliche Menge von Fans geht – und nicht um einen einsamen durchgeknallten Fan, den die falsche Zeichensetzung so vielversprechend angekündigt hat.

Und das Beste von allem:
- Nigger's out (*ein Schild, gesehen in New York, das handschriftlich die böse Unterzeile trug:* »But he'll be back shortly«).

Ungewollte Bedeutungsverschiebungen, weil der Possessiv nicht markiert wurde:
- Dicks in tray (*versuchen Sie bloß nicht, sich das vorzustellen!*)
- New members welcome drink (*was zweifellos stimmt*)

Hier weiß einer, dass ein Apostroph benötigt wird, aber wo …?
- It need'nt be a pane (*auf einem Transporter, der für Billigglasscheiben wirbt*)
- Ladie's hairdresser
- Mens coat's
- Childrens' education (*aus einem Brief des Leiters der Bildungsabteilung bei der Lehrergewerkschaft*)
- The Peoples Princess' (*auf einer Gedenktasse*)
- Freds' restaurant

Apostrophe in Ortsbezeichnungen oder Namenn:
- Dear Mr Steven's
- XMA'S TREES
- Glady's (*Namensschild einer Verkäuferin*)

It's oder Its' statt Its:
Hunderte von Beispielen erhielt ich, die auf Werbe- und Anschlagtafeln an Gebäuden des angesehenen National Trust oder anderer großer Institutionen entdeckt worden waren.
- Hot Dogs a Meal in Its' Self (*Schild in Great Yarmouth*)
- Recruitment at it's best (*Slogan einer Arbeitsagentur*)
- »… to welcome you to the British Library, it's services *and* catalogues« (*aus dem Faltblatt der British Library für die Bibliotheksbenutzer*)

Schiere Schreibunkundigkeit:
- »… the full name and title of the person who's details are given in Section 02« (*auf dem UK-Passantragsformular*)
- Make our customer's live's easier (*Anzeige der Abbey National*)

Schilder, bei denen der Autor einfach kapituliert hat:
- Reader offer
- Author photograph
- Customer toilet

Das sind nur einige Beispiele aus den Leserzuschriften. Ich habe aber auch von Leuten gehört, deren Arbeitskollegen Kommas statt Apostrophe verwenden, von jemandem, der sehr sinnig das Restaurant l'Apostrophe in Reims empfahl, und von einem Herren aus Somerset, der regelmäßig zusammenzuckte, wenn er das Schild »Carrott's« an einem Marktstand sah, bis er entdeckte, dass der Name des Besitzers – man könnte es nicht besser erfinden – R. Carrott war. Was erklärte, warum andere Gemüse und Früchte vollkommen richtig geschrieben waren.

Bisher haben wir uns die richtige und falsche Verwendung des Apostrophs angesehen, aber es gibt Bereiche des Apostrophgebrauchs, die nicht so leicht zu durchschauen sind. Folgen wir nun dem Apostroph in die trüben Niederungen des Stils, der Anwendung und der (mein Gott!) erlaubten Ausnahmen. Nehmen wir mal das Possessiv von Namen, die auf »s« enden, wie mein eigener Name. Heißt es richtig »Lynne Truss' Buch« oder »Lynne Truss's book«? Ein Briefschreiber bemerkte ungeduldig: »Schon früh wusste ich, dass ich »Philippa Jones' Buch« schreiben wollte, NICHT »Philippa Jones's Buch«. Ich sehe diesen Fehler häufig, sogar auf Schulbussen: St James's School. Vielleicht haben sich die Regeln verändert, oder die Lehrer wissen es heute nicht mehr.«

Tragischerweise befinden sich diese Briefschreiber gleich zweimal auf dem Holzweg, doch nur, weil sich der Geschmack inzwischen geändert hat. Neuere Zeichensetzungshandbücher (die ultimative Bibel der Zeichensetzung *Fowler's Modern English Usage* mit eingeschlossen) sagen, dass heute bei Namen (inklusive der biblischen Namen und aller fremden Namen mit unbetontem Schluss-»s«), die auf »s« enden, ein »s« nach dem Apostroph steht:

Keats's poems
St James's Square
Alexander Dumas's *The Three Musketeers*
Lynn Truss's book

Bei Namen aus der Antike ist das nicht so:

> Archimedes' screw
> Achilles' heel

Endet der Name auf einen »iz«-Laut, wird eine Ausnahme gemacht:

> Bridges' score
> Moses' tablets

Bei Jesus wird *immer* eine Ausnahme gemacht:

> Jesus' disciples

Dies sind jedoch Stilmittel und Vorlieben, die nicht in Stein gemeißelt sind, und man sollte sich nicht zu sehr darauf fixieren. Fast alle Zeichensetzungshandbücher unterscheiden sich bei nahezu allen Aspekten ein wenig, nur in einem sind sie sich einig: »Keats's poems« gehört zu ihrem wichtigsten Beispiel. Seltsam, aber wahr. Sie können den alten Keats nicht in Ruhe lassen. »Es heißt *Keats' poems* (NICHT *Keats's*)«, wüten die einen. Oder umgekehrt: »Es heißt *Keats's poems* (NICHT *Keats'*).« Man kann nicht umhin, Mitleid mit Keats zu empfinden. Kein Wunder, dass er so krank wurde.

Es gibt hier also kein absolutes Richtig oder Falsch. Trotzdem verdienten die vielen Menschen, die mich fragten, warum es denn bei »St Thomas' Hospital« kein »s« nach dem Apostroph gäbe, eine Antwort. Natürlich sollte es St Thomas's Hospital heißen. Sollte. Doch Institutionen, Städte, Schulen, Familien, Gesellschaften, Firmen und Marken bestimmen selbst darüber, wie sie ihren Namen geschrieben sehen wollen, was oft historisch bedingt ist, und deshalb kann man nichts anderes tun, als es sich zu merken. Das Erste, was ein britischer Redakteur lernt, ist, dass Lloyds TSB (die Bank) kein Apostroph hat, im Gegensatz zu Lloyd's of London (die Versicherung). Earls Court,

Gerrards Cross und St. Andrews haben kein Apostroph (obwohl die Earl's Court U-Bahn-Station sich mittlerweile eines zugelegt hat), HarperCollins hat keinen Zwischenraum, Bowes Lyon hat keinen Bindestrich, und man muss Biro und Hoover mit großem Anfangsbuchstaben schreiben, weil man sonst automatisch langweilige Briefe von Anwälten bekommt, die einen daran erinnern, dass es sich dabei um Markennamen handelt. Das Satiremagazin »Private Eye« druckte einmal einen solchen Brief eines Repräsentanten der Firma Biro ab, unter der denkwürdigen Überschrift: »Welch armselige Art, sein Geld zu verdienen«.

Somit ist St Thomas' Hospital der selbst gewählte Eigenname des Hospitals, und damit basta! Ebenso St James' Park. Mir verschlägt es die Sprache, wenn ich sehe, dass University College London ignorant ein Komma verpasst bekommt, wo keines hingehört, oder wenn E. M. Forster's *Howards End* von einem Korrektor, dem es in den Fingern juckt, dem allgemeinen Empfinden angepasst wird. Unterdessen rät *The Times Guide to English Style and Usage* vernünftigerweise seinen Lesern, sich wegen solcher Sachen nicht allzu sehr aufzuregen, und formuliert es nett: »Nehmen Sie sich in Acht vor Organisationen, die Apostrophvarianten als eigenen Rechtschreibstil haben, z. B. St Thomas' Hospital. In diesen Fällen muss man ihre Launen respektieren.«

Es wird Zeit zuzugeben, dass ich viele Jahre lang mit einer der weniger wichtigen Apostrophregeln zu kämpfen hatte. Ich spreche vom »doppelten Possessiv«, der nachweislich eine respektable grammatische Konstruktion ist, der sich aber einfach nicht mit mir vertragen will. Man sieht ihn immer in den Zeitungsmeldungen:

Elton John, a friend of the footballer's, said last night ...
Elton John, a friend of the couple's, said last night ...
Elton John, a friend of the Beckhams', said last night ...

Reich mir mal den Sauerstoff, Elton, und hör für einen Augenblick auf, mit deinen Glitterati-Kumpels anzugeben, während ich nachdenke.

A friend of the footballer's?

Warum heißt es nicht »a friend of the footballer«? Macht die Konstruktion »of the« nicht ein weiteres Possessiv überflüssig? Warum müssen diese netten Beckhams Elton John zweimal besitzen? Oder ist das eine dumme Frage?

In Robert Burchfield's dritter Ausgabe von *Fowler's Modern English Usage* findet man, was zur Klärung der Frage gebraucht wird. Der doppelte Possessiv ist dort ganz emotionslos erklärt: Hat einer etwas gegen die Konstruktionen »a friend of mine« oder »a friend of yours«? Nein. Ich würde aber nie sagen »a friend of me« oder »a friend of you«. Man *würde* aber sagen »a cousin of my mother's«, »a child of hers«. Nur dort, wo man den doppelten Possessiv nicht gebraucht, wenn man es beispielsweise nicht mit einem lebenden Wesen zu tun hat, sagen wir, wenn man »a lover of the British Museum« ist, weil das British Museum einen ganz offensichtlich nicht – und niemals je – lieben kann.

So langsam haben wir wohl alle genug vom Apostroph, oder? Doch ein paar Dinge muss ich noch loswerden:

1. Jemand schrieb mir, dass ich »one's« falsch gebrauchen würde (»ein weit verbreiteter Fehler« sei das) und dass es »ones« heißen müsste. Das ist so ein Unsinn, dass ich mich weigere, darüber zu streiten. Erzählen Sie mal Virginia Woolf, es müsste heißen *A Room of Ones Own*, und sehen Sie, wie weit Sie damit kommen.

2. Man kann ja das Pech verfluchen, dass

    it's wie *its* klingt,
    who's wie *whose*,
    they're wie *their* (und *there*),
    there's wie *theirs* und
    you're wie *your*.

Dennoch: Für Erwachsene mit einer abgeschlossenen Schulausbildung gibt es keine Entschuldigung, diese Worte zu verwechseln. Ganz einfach:

Wenn man »it is« oder »it has« sagen kann, verwendet man »*it's*«:

> It's a long way to Tipperary.

Und wenn man »who is« oder »who has« sagen kann, verwendet man »*who's*«:

> Who's that knocking at my door?

Kann man »they are« sagen, verwendet man »*they're*«:

> They're not going to get away with this.

Kann man »there is« sagen, ist die richtige Konstruktion »there's«:

> There's a surprising amount about the apostroph in this book.

Kann man »you are« sagen, verwendet man you're:

> You're never going to forget the difference between »its« and »it's«.

This chapter is nearing *its* end.
Whose book is this, again?
Some of *their* suggestions were outrageous!
This is no concern of *theirs*!
Your friend Elton John has been talking about you again.

In der witzigen »Beachcomber«-Kolumne über den Königlichen Apostrophisten im »Express« wird eine abartig tröstliche Gesetzmäßigkeit häufig wiederholt: Im Gesetz zur Erhaltung der Apostrophe, angeblich aus dem 13. Jahrhundert, stünde, dass es ein natürliches Gleichgewicht gäbe: »Für jeden Apostroph, der bei einem »it's« ausgelassen wird, wird ein Extra-Apostroph in einem »its eingefügt.« So bleibt die Zahl der sich im Umlauf befindenden Apostrophe immer konstant, selbst wenn das heißt, dass doppelt Grund besteht, sich die Haare zu raufen.

Der einzige Apostroph-Fehler, für den ich Sympathie empfinde, ist der bereits erwähnte Obst- und Gemüsehändler-Apostroph. Einmal deshalb, weil Obst- und Gemüsehändler eher Schwielen an den Händen haben als im Gehirn, und außerdem, weil ich mit ihnen darin einig bin, dass es seltsam aussieht, wenn Worte auf einen Selbstlaut enden und man einfach ein »s« hinten anhängt. Zum Beispiel beim Wort »bananas«: Auf den ersten Blick könnte man annehmen, die letzte Silbe würde wie »nass« ausgesprochen. Wie kann der Plural von »banana« die Betonung behalten? Nun, man könnte ein Apostroph vor das »s« setzen! Es ist unverzeihlich, nicht zu wissen, dass »potatoes« der Plural von »potato« ist, aber wenn man einfach ein »s« dahinter setzen will, ist der Impuls, dieses »s« durch irgendein Satzzeichen vom »o« zu separieren, sehr stark.

Die meisten Leute, die sich über die dummen Obst- und Gemüsehändler aufregen, wissen nicht, dass es bis zum 19. Jahrhundert legitim war, das Plural-»s« von einem Fremdwort, das auf einen Selbstlaut endet, zu trennen und dadurch einer Verwirrung bezüglich der Betonung vorzubeugen. Daher schrieb man im 18. Jahrhundert Worte wie »text folio's« oder »quarto's« – und das sieht doch recht elegant aus, nicht wahr? Wäre doch nur ein anderes Satzzeichen für diese Aufgabe ausgewählt oder gar erfunden worden, um dem Apostroph diese aufgebürdete Verantwortung zu nehmen! Ich höre doch tatsächlich aus den Reihen einiger Interpunktions-Visionäre, dass Bestrebungen im Gange sind, die Tilde (auf der Tastatur sieht sie so aus: ~) wieder zu beleben. Also *quatro˜s* und *folio˜s*, ganz zu schweigen von den *logo˜s, pasta˜s, ouzo˜s* und *banana˜s*. Professor Loreto Todd bemerkt in ihrem ausgezeichneten Buch *Cassell's Guide to Punctuation* nur knapp: »Dieser Gebrauch war einst korrekt, so wie es einmal korrekt war, Tee aus der Untertasse zu schlürfen.«

Es wäre schön, wenn eines Tages die Zahl der korrekt gesetzten »it's«-Apostrophe ebenso groß wäre wie die der ausgelassenen Apostrophe in »its« und nicht umgekehrt. Und was können diejenigen inzwischen tun, denen der falsche Apostroph-Gebrauch gewaltig auf den Magen schlägt? 1. Die Bezeichnung »Interpunktions-Dinosaurier« vehement von sich weisen, 2. zum Angriff übergehen. Hier sind die Waffen, die Sie dafür brauchen:

- Korrekturflüssigkeit,
- dicke Filzschreiber,
- Aufkleber in verschiedenen Größen (die über falsch gesetzte Apostrophe geklebt werden können),
- einen Farbeimer mit großem Pinsel (um Apostrophe einzusetzen, wo sie fehlen),
- Demos, vielleicht auch Straßensperren und Sitzblockaden!

In Bristol gab es tatsächlich einen Ladenbesitzer, der vorsätzlich Schilder mit Grammatikfehlern ins Schaufenster hängte, um Käufer in seinen Laden zu locken. Sie kamen auch, um sich über die Schilder zu beschweren, und er schwatze ihnen dabei schließlich etwas auf. Er wäre schlecht beraten, diesen Coup zu wiederholen, wenn erst mal meine Zeichensetzungstruppe unterwegs ist. Die Apostroph-Liebhaber werden nicht tatenlos zusehen, wie das kleine fleißige Zeichen abgeschafft wird. Nicht weil es Dinosaurier sind, die ihren Tee aus Untertassen schlürfen (interessantes Bild, nicht wahr?), sondern weil sie es zu schätzen wissen, dass der Apostroph über Jahrhunderte Wörter und deren Bedeutung klarer gemacht hat. Der Apostroph kann nichts dafür, dass Wörter seine Hilfe brauchen, um richtig verstanden zu werden. Es ist vielmehr sein Verdienst, dass er so eingesetzt wird. All diese

Rückgratlosen, die von einer Abschaffung der Apostrophe sprechen, kommen damit nicht auf den Punkt. Und das Wortspiel ist beabsichtigt. Stellen Sie sich den Tag nach der Abschaffung des Apostrophs vor: Ein triumphierender Apostroph-Abschaffer setzt sich hin, um »*Goodbye to the Apostrophe. We're not missing you a bit*!« zu schreiben, und stellt fest, dass das nicht geht. Schafft den Apostroph ruhig ab, und noch bevor eine Stunde vergangen ist, muss er wieder eingeführt werden!

ⓓ *Und wie ist es im Deutschen?*

Der Apostroph ist zwar im Rechtschreib-Duden in den amtlichen Regelungen für die Rechtschreibung mit zwei Paragrafen bedacht, im Duden-Band *Komma, Punkt und alle anderen Satzzeichen – Die neuen Regeln der Zeichensetzung mit umfangreicher Beispielsammlung* wird er nicht einmal im Index erwähnt, er hat auch nicht ein eigenes Kapitel, wie »alle anderen Satzzeichen«. *Der Auslassungspunkt als Auslassungszeichen* wird erwähnt, aber der Apostroph als Auslassungszeichen par excellence – Fehlanzeige.

Hier eine Zusammenfassung, wie der Apostroph eingesetzt werden sollte:

Der Apostroph zeigt ausgelassene Buchstaben an:

    Ein einz'ger Kuss von dir versüßt die Welt.
    D'dorf, K'ruhe, Ku'damm
    's ist schwerer, als man denkt.

Man *kann* ihn setzen, wenn Wörter der Umgangssprache schriftlich wiedergegeben werden:

    Son Quatsch, hier musst dus inner andren Farbe schreiben.
    So'n Quatsch, hier musst du's in 'ner andren Farbe schreib'n.

Der Apostroph kennzeichnet den Genitiv von Namen, die auf s, ss, ß, tz, z, x enden:

> Hans Sachs' Gedicht, Marx' Philosophie, Grass' *Der Butt*

Der Apostroph wird bei Eigennamen in der Grundform vor der Adjektivendung -sch gesetzt:

> Die Grimm'schen Märchen, das Ohm'sche Gesetz.

Er *darf* vor dem Genitiv-s gebraucht werden, um den Namen deutlich zu machen:

> Andrea's Blumenladen – im Gegensatz zu Andreas' Blumenkiste – der Laden gehört einer Frau, die Blumenkiste einem Mann!

In umgangssprachlichen Verbindungen von Verb oder Konjunktion mit dem Pronomen »es« kann er, muss er aber nicht verwendet werden:

> Wie gehts dir (wie geht's dir?)
> Nimms leicht (Nimm's leicht)
> Wenns dir gefällt (Wenn's dir gefällt)

Kein Apostroph gehört:

vor den normalen Genitiv (2. Fall, Wes-Fall):

> Brechts Dramen, Frankfurts Politessen, Vaters Geldbörse

in allgemein übliche Verschmelzungen von Präpositionen (Verhältniswörter):

> aufs, ins, durchs, hinters, übers
> ran, rauf, runter
> Dirndl, Brettl (*also bei mundartlichen Schreibungen*)

und wenn in einem Wort ein unbetontes -e wegfällt:

    Wechsle mir mal den Euro; trockne doch bitte das Geschirr ab

wenn bei bestimmten Verben das Schluss-e entfällt:

    das hör(e) ich mir nicht an; das lass(e) ich lieber sein, da komm(e) ich nie ohne Auto hin.

[, ; : ? ! (-) ! ? : ; ,]

DAS REICHT, KOMMA

Als der Humorist James Thurber zwischen 1930 und 1940 mit Harold Ross, einem Redakteur des »New Yorker«, zusammenarbeitete, hatten die beiden öfter heftige Auseinandersetzungen wegen der Kommas. Herrlich, sich diese Szene vorzustellen: Zwei kampftrinkende Alpha-Männchen mit düsteren Schlapphüten hauen auf einen großen Schreibtisch und bellen sich wegen der Kommasetzung an. Laut Thurbers Bericht in *The Years with Ross* pflegte Ross' »Hang zur Klarheit« ins Extreme umzuschlagen. Er schien der Meinung zu sein: Je klarer ein Text werden solle, umso mehr Kommas müsse man setzen. Ganz anders Thurber, der Kommas wie einen Haufen kreuz und quer gestapelter Bürostühle in einem Flur betrachtete, die wenig dazu beitrügen, den Korridor der »Lesbarkeit« freizuhalten. Und so waren sie sich ewig uneins. Wenn Ross mit der maximalen Anzahl an Kommas »red, white, and blue,« schrieb, bestand Thurber wütend auf seiner Vorliebe für »red white and blue«, ohne jedes Komma, da »all diese Kommas die Flagge verregnet aussehen lassen. Ja, nahezu eingerollt.«

In *The Years with Ross* ist mehr über die »Kommaphilie« von Lektoren zu erfahren. Thurber ging einmal sogar so weit, Ross einige Zeilen eines Gedichts von Wordsworth mit Zeichensetzung im »New Yorker«-Hausstil zu schicken:

She lived, unknown, and few could know
When Lucy ceased to be,
But, she is in her grave, and, oh,
The difference, to me.

Original:

> She lived unknown, and few could know
> When Lucy ceased to be;
> But she is in her grave, and, oh,
> The difference, to me!

Doch Ross ließ dieser Sarkasmus kalt, und am Ende musste Thurber sich der Denkweise von Ross anpassen. Er war der Boss, unterschrieb die Schecks und war, natürlich, ein brillanter Lektor, der in einem Brief an H. L. Mencken einmal gestand: »Wir haben das Lektorat hier zu einem sehr hohen Grad an Pingeligkeit gebracht, vielleicht bis an einen Punkt nahe der Perfektion. Ich weiß nicht, wie ich das unter Kontrolle bringen soll.« Und so gediehen und vermehrten sich die Kommas. Thurber wurde einmal gefragt, warum er ein Komma in dem Satz »After dinner, the men went into the living-room« einfüge. Seine Antwort war das vielleicht Liebenswerteste, was über Zeichensetzung jemals gesagt worden ist: »Dieses spezielle Komma«, erklärte Thurber, »war Ross' Art, den Männern Zeit zu geben, ihre Stühle zurückzuschieben und aufzustehen.«

Wo liegt das Problem? Warum gibt es so unterschiedliche Meinungen? Haben wir nicht, wie beim Apostroph, Regeln für die Kommasetzung? Ja, doch Sie werden mit Vergnügen entdecken, dass es im Fall der Kommasetzung bedeutende Schwierigkeiten gibt. Mehr als jedes andere Satzzeichen lenkt das Komma die Aufmerksamkeit auf die verschiedenartige Herkunft der heutigen Zeichensetzung und die konsequente Vermischung ihrer beiden, sehr unterschiedlichen, Aufgaben:

1. die Grammatik eines Satzes zu erhellen,
2. Rhythmus, Tenor, Ton, Klang und Fluss eines Textes zu betonen, so wie die Notenschrift in der Musik.

Weil diese beiden Aufgaben der Zeichensetzung manchmal kollidieren, haben in manchen Lektoraten schon erwachsene Männer Kämpfe um die Kommasetzung ausgetragen – und in der Tat kollidieren diese Funktionen immerzu. Bereits 1582 beschrieb Richard Mulcasters in *The First Part of the Elementarie* das Komma als »kleinen gebogenen Punkt, der beim Schreiben einem kleinen Zweig des Satzes folgt & uns beim Lesen anhält zu verweilen, & um unserer Atmung ein wenig behilflich zu sein.« Viele nachfolgende Grammatikwerke des 17., 18. und 19. Jahrhunderts treffen die gleiche Aussage. Als Ross und Thurber sich wegen der korrekten Kommasetzung bei der literarischen Darstellung des Sternenbanners gegenseitig mit Aschenbechern als Wurfgeschosse bedrohten, offenbarten sie lediglich die Widersprüche der Zeichensetzung, die Menschen seit über vierhundert Jahren plagt. Auf dem Papier erfüllt die Zeichensetzung ihre grammatikalische Aufgabe, doch im Geist des Lesers macht sie mehr als das: Sie sagt dem Leser, wie er die Satzmelodie summen soll.

Vor Einführung der Grammatik war alles so einfach. Die früheste bekannte Grammatik um 200 n. Chr. – die Aristophanes, dem Direktor der Bibliothek von Alexandria, zugeschrieben wird – war ein dreiteiliges System von dramatischen Notationen mit Punkten auf unterschiedlicher Höhe der Linie. Es sagte den Schauspielern, wann sie vor einer längeren, weniger langen oder kurzen Textpassage atmen sollten. Und das war es schon. »Komma« (griechisch: »Abschnitt«) war zu jener Zeit die Bezeichnung für eine kurze Textpassage. Im 16. Jahrhundert, als der Begriff ins Englische übernommen wurde, bezog er sich immer noch auf eine kleine Wortgruppe, den Sinnabschnitt eines Textes oder Verses. Ganz anders als das Komma, das wir heute kennen. Über 1500 Jahre lang war es die Aufgabe der Zeichensetzung, Schauspieler, Sänger und Vorleser durch Texte zu führen, Pausen anzuzeigen, Sinn und Klang zu akzentuieren, und die Syntax Syntax sein zu lassen. Hieronymus, der im 4. Jahrhundert die Bibel aus dem Hebräischen ins Lateinische übersetzte, führte ein Zeichensetzungssystem für religiöse Texte ein, *per cola et commata* (»nach Sätzen«), um Pausen beim Vorlesen anzuzeigen. Cassiodor, der im 6. Jahrhundert in Süditalien theologische und enzyklopädische Werke verfasste, empfahl »deutliche Pausen in ordentlichen Abständen«.

Die meisten damals verwendeten Satzzeichen erscheinen uns heute bizarr: die *positura*, ein Zeichen, das der 7 glich und das Ende eines Textstückes anzeigte; das düstere Zeichen eines kleinen Galgens, das den Beginn eines Absatzes markierte, denn die Absätze wurden erst viel später durch Einzüge gekennzeichnet, und die *virgula suspensiva*, die so genannte *Virgel*, die unserem heutigen *solidus* oder / Schrägstrich glich und die verwendet wurde, um winzige Pausen oder Verzögerungen anzuzeigen. Über die Frühgeschichte der Zeichensetzung ist eines wichtig zu wissen: In Schriftkulturen, die auf der sklavischen Vervielfältigung allgemein geschätzter Texte basierten, wäre es für einen einfachen Schreiber höchst vermessen gewesen, hilfreiche Satzzeichen dort einzusetzen, wo er glaubte, dass sie hingehörten. Die Zeichensetzung entwickelte sich nur langsam und vorsichtig, nicht weil man sie als unwichtig betrachtete, sondern, ganz im Gegenteil, weil sie ein so starkes Instrument darstellte. Pausen an der falschen Stelle können den Sinn eines religiösen Textes erheblich verändern. Man betrachte zum Beispiel die Aussage des folgenden Satzes, den Cecil Hartley in seinem 1818 erschienenen *Principles of Punctuation: or the Art of Pointing* als Beispiel anführte:

> »Verily, I say unto thee, This day thou shalt be with me in paradise.«

Und nun:

> »Verily I say unto thee This day, thou shalt be with me in paradise.«

Große Unterschiede in der Doktrin hängen an der Kommasetzung. Das erste Beispiel aus Lukas 23, Vers 43, und so wird es von Protestanten interpretiert, geht mit leichter Hand über die ganze unerfreuliche Vorstellung des Fegefeuers hinweg und lässt den gekreuzigten Dieb direkt mit dem Herrn in den Himmel auffahren.

Das zweite Beispiel dagegen verspricht das Paradies zu einem späteren Zeitpunkt und lässt das Fegefeuer in der Vorstellungswelt für die Katholiken. Ähnlich wird vermutet, dass die autorisierte Version der Bibel (und weit mehr noch Händels »Messias«) bei der wahren Interpretation der folgenden Passage in die Irre führt. Beachten Sie auch hier wieder den Unterschied:

>»The voice of him that crieth in the wilderness: Prepare ye the way of the Lord.«
>
> *Und seine Stimme rief in der Wildnis: Bereite den Weg des Herrn vor.*

und:

> »The voice of him that crieth: In the wilderness prepare ye the way of the Lord.«
>
> *Und seine Stimme rief: In der Wildnis bereite den Weg des Herrn vor.*

Hätte die hebräische oder jede andere antike Sprache Zeichensetzung verwendet (im Fall des Hebräischen wären ein paar Vokale auch nicht schlecht gewesen), hätte es 2000 Jahre der Schriftexegese nicht gegeben, und viele kluge, verstaubte Gelehrte hätten ihre Zeit an der frischen Luft verbringen können. Doch es gab in diesen uralten Texten noch keine Zeichensetzung. Punkt. Lange Zeit gab es bei der lateinischen Transkription keinen Zwischenraum zwischen den Worten. Texte aus dieser geheimnisvollen klassischen Periode – nur in Großbuchstaben und in Blocksatz – sehen für Leser von heute wie jene Schwedenrätsel aus, bei denen Worte aus einem Block von Buchstaben herausgesucht werden müssen, bis man nach zwanzig Minuten endlich hocherfreut das Wort – Papierserviette – entdeckt, diagonal und rückwärts geschrieben. Doch dieses *scriptio continua* genannte System hatte zu seiner Zeit auch seine Verfechter. Im 5. Jahrhundert meinte der Mönch Johannes Cassianus, dass ein Text, der nur langsam seine Bedeutung offenbart, zu heilsamer Meditation und, mehr noch, zur Verherrlichung Gottes führt.

Ist das nicht interessant? Einige Zeit passierte dann nicht viel. Erst im 9. Jahrhundert brachte Karl der Große die ganze Sache wieder auf, als der Leiter der karolingischen Rechtschreibreform, Alcuin von York, ein System von *positurae* am Ende von Sätzen einführte (inklusive einer der frühesten Formen des Fragezeichens). Das westliche Zeichensetzungssystem war – um ehrlich zu sein – für die folgenden 500 Jahre recht unbefriedigend. Bis sich schließlich der berühmte venezianische Drucker und Verleger Aldus Manutius der Ältere (1450–1515) der Sache annahm und sie, ja, auf den Punkt brachte.

Der heldenhafte Status, den Aldus Manutius der Ältere unter Druckschriftenhistorikern einnimmt, kann nicht hoch genug bewertet werden. Wer führte die Kursivschrift ein? Aldus Manutius! Wer druckte das erste Semikolon? Aldus Manutius! Die Herstellung und Verbreitung von Druckschriften im 14. und 15. Jahrhundert machte es nötig, ein Standardsystem für die Zeichensetzung zu schaffen. Auch diese entwickelte Aldus Manutius. *Pause and Effect*, die meisterhafte Einführung in die Geschichte der Interpunktion von Malcolm Parkes, enthält neben den Faksimiledrucken von Aldus Manutius' grundlegender Arbeit auch Seiten aus Pietro Bembos *De Aetna* von 1494, die nicht nur eine sehr elegante Schrift, sondern tatsächlich das erste gedruckte Semikolon zeigen. Natürlich wurde das Zeichensetzungssystem nicht über Nacht zu dem, was es heute ist, doch Aldus Manutius und seinem Enkel (Aldus Manutius der Jüngere) werden im Allgemeinen die Entwicklung mehrerer der heute gebräuchlichen Zeichen zugeschrieben. Sie verkleinerten die *virgule* und bogen sie, so dass sie wie das heutige Komma aussah. Sie setzten Endpunkte und Doppelpunkte an die Satzenden. Zum Beispiel so. Oder etwa so:

Das Wichtigste ist jedoch, dass sie alte Zeichen, die früher dem Vorlesenden geholfen hatten, wegließen. Bücher waren nun zum Lesen und zum Verstehen da, nicht mehr allein zum betonten Vorlesen. Man bewegte beim Lesen die Lippen nicht mehr. In den siebzig Jahren, bis Aldus Manutius der Jüngere Aldus Manutius den Älteren ablöste, fanden dramatische Veränderungen statt, so dass Aldus Manutius der Jüngere 1566 erklärte, die Hauptaufgabe der Zeichensetzung sei die Verdeutlichung der Syntax. Vergessen war der angeblich geistige Wert für den Leser durch das eigene Herausarbeiten der Textbedeutung; vergessen auch die Demut der alten Kopisten. Ich bin sicher, dass es Menschen gab, die sich fragten, ob italienische Drucker die richtigen wären, Regeln für die Bedeutung von Texten aufzustellen. *Andererseits war Widerstand gegen eine Druckerdynastie, die die Kursivschrift erfinden konnte, offensichtlich nutzlos.*

Was geschah während dieser Entwicklung mit dem Komma? Vom 16. Jahrhundert bis heute wurde es zu so etwas wie einem grammatikalischen Hütehund. Das Komma hat so viele Aufgaben als »Separator« (Satzzeichen an sich haben entweder die Aufgabe des »Separators« oder des »Terminators«), dass es auf den grünen Weiden der Sprache herumfegt, auf ewig Wörter zu vernünftigen Gruppierungen organisiert und sie dann auch noch an ihrem Platz hält: sortiert und aufteilt, einkreist und zusammenhält und schließlich mit gebieterischem »Wuff« davonrast, um irgendeinen abtrünnigen untergeordneten (Neben-)satz einzufangen, der einen vergeblichen Ausbruch in die semantische Freiheit wagte. Wenn man sie lässt, sind Kommas ständig voller Enthusiasmus bei der Arbeit. Glücklicherweise geht der Trend seit H. W. Fowlers *The King's English* von 1906 hin zu immer einfacheren Zeichensetzungsregeln mit immer weniger Kommas. Aber betrachtet man irgendeine Textpassage eines nicht zeitgenössischen Autors, kann man sich die Wörter nicht anders als besiegte Schäfchen vorstellen, die vom guten alten Komma, dem Hütehund, erfolgreich zusammengetrieben wurden.

> Jones flung himself at his beneficator's feet, and taking eagerly hold of his hand, assured him, his goodness to him, both now, and at all other times, had so infinitely exceeded not only his merit, but his hopes, that no words could express his sense of it.
> (Henry Fielding: *Tom Jones*)

In der Übersetzung von Eike Schönfeld sieht diese Textstelle dann so aus und weist immerhin noch fünf Kommas auf:

> Jones warf sich seinem Wohltäter zu Füßen, ergriff begierig seine Hand und versicherte ihm, seine Güte gegen ihn habe, jetzt wie zu allen anderen Zeiten, sein Verdienst ebenso wie seine Hoffnungen so unendlich übertroffen, dass keine Worte seine Empfindungen ausdrücken könnten.

Kein Wunder, dass sich an einem Komma die Geister scheiden. Wenn es um die Klarheit eines Satzes geht, kann man für beides Argumente finden, dafür dass ein Komma entfernt – oder hinzugefügt werden sollte. Stilistiker haben schon immer mit den Regeln gekämpft. So verbrachte Oscar Wilde einen ganzen Tag über einem fast vollendeten Gedicht und ließ ein fragliches Komma darüber baumeln. Gertrude Stein nannte das Komma »servil« und wollte nichts mit ihm zu tun haben; Peter Carey errang 2001 den Booker Prize mit seinem Buch *True History of the Kelly Gang/Die wahre Geschichte von Ned Kelly und seiner Gang*, das im Original kein einziges Komma enthält. Im Internet las ich einen Aufsatz, der den bösen John Updike ganz ernsthaft beschuldigt, die Kommaregeln nach seinem eigenen Geschmack gebeugt zu haben »mit Fragmenten, Kommasplittern, nebengeordneten Sätzen ohne Kommas, elliptischen nebengeordneten Sätze mit Kommas *und dergleichen mehr*« – Anschuldigungen, auf die all jene, die wie ich nicht den leisesten Schimmer davon haben, wie ein »elliptischer nebengeordneter Satz mit Komma« eigentlich auszusehen hat, nur ratlos den Kopf schütteln können.

Anwälte meiden das Komma so gut es geht, betrachten es

als Störenfried, und nur einer von Tausend Lesern, die es mittlerweile gewohnt sind, dass Kommas in der Öffentlichkeit zu den seltenen Kostbarkeiten dieser Erde gehören, stört sich an einem Schild wie »*No dogs please*« und weist darauf hin, dass diese Aussage eine schreckliche Verallgemeinerung darstellt, da tatsächlich viele Hunde *do please* – Freude machen. Zumindest ihren Besitzern.

D»er Kommagebrauch kann nicht durch Regeln erlernt werden«, meinte der große Sprachwissenschaftler Sir Ernest Gowers, und es beruhigt mich doch sehr, dass dieser *grand old boy* das sagte. Trotzdem existieren Kommaregeln, und deshalb können wir auch einige mal unter die Lupe nehmen. Das Lustige an Kommas ist natürlich, dass sie ein semantisches Chaos erzeugen, wenn sie falsch gesetzt oder weggelassen werden. »What is this thing called, love?« Diese Frage könnte an ein Schätzchen (love) gerichtet sein und sich auf die neue Küchenmaschine (this thing) beziehen. Oder (ohne Komma natürlich) die philosophische Frage nach dem, was man Liebe nennt, aufwerfen. Sehen Sie, was ich meine? Ein falsches Komma, und schon ist die Bedeutung zum Teufel. Also am besten, das Komma ganz weglassen. »He shot himself as a child.« Wie traurig! Traurig? Ja, weil hier ganz nachlässig die Kommas ausgelassen wurden. »He shot, himself, as a child.« Und schon kann es weitergehen in der Biografie.

Einer meiner Freunde, der in New England eine Shakespeare-Theatergruppe leitet, erzählte mir die Geschichte von einem, der den Duncan in »Macbeth« gespielt hatte. Mit entsprechend teilnahmsvollen Blick folgte er dem Schlachtbericht des verwundeten Soldaten im ersten Akt, um schließlich fröhlich auszurufen: »Go get him, surgeons!« Ja, warum sollten die Ärzte ihn denn bloß ergreifen? Waren denn in diesem ersten Akt überhaupt Ärzte auf der Bühne? Mitnichten. Das leidige Komma, das so ganz nebenbei Betonung und Bedeutung steuert, war bloß verrutscht. »Go, get him surgeons!« So wird aus dem Satz der Befehl Duncans, dem Soldaten medizinische Hilfe zu leisten, und das Stück kann ohne Gelächter im Publikum fortgesetzt werden.

Wir kommen noch zu weiteren erbaulichen Beispielen. Doch in der Zwischenzeit wird es erst einmal ernst. Spitzen Sie jetzt ihren Bleistift, halten Sie Schokolade, ein Glas Rotwein, oder was immer Ihnen Trost spendet, bereit, ziehen Sie die Brauen zusammen und versuchen Sie, sich auf das Folgende zu konzentrieren.

1. Ein Komma setzt man bei Auflistungen!

Das ist das Erste, was man über das Komma lernt.

Regel: *Das Komma trennt einzeln aufgelistete Wörter, Wortgruppen oder Sätze voneinander:*

Who is going to join the Army? John *and* Dick *and* Harry *and* Pauline.
Harry will join the Army *and* he is to leave the town on monday *and* he will travel to Fort Knox by Greyhound bus.

Beide Sätze sind korrekt, klingen aber ein wenig umständlich, darum lassen wir das *and* weg und setzen stattdessen jeweils ein Komma.

Das Komma ersetzt nicht nur das *and,* sondern auch das *or* und das *nor.*

Who is going to join the Army? John, Dick, Harry, Pauline.
Harry will join the Army, he is to leave the town on Monday, he will travel to Fort Knox by Greyhound bus.

Regel: *Ein Komma steht an der richtigen Stelle, wenn es durch das Wort »and« oder »or« ersetzt werden kann.*

The four refreshing fruit flavours of Opal Fruits are orange *and* lemon *and* strawberry *and* lime.

Eleganter:

> The four refreshing fruit flavours of Opal Fruits are orange, lemon, strawberry, lime.

Okay. Probieren Sie es mit dieser Regel einfach mal selbst an diesem kleinen Satz:

> I had a marvellous time eating in tavernas swimming in turquoise water getting sloshed on retsina not sending postcards.

Ist dann dies dabei herausgekommen?

> I had a marvellous time, eating in tavernas, swimming in turquoise water, getting sloshed on retsina, not sending postcards.

Oder etwa das?

> I had a marvellous time eating, in tavernas swimming, in turquoise water getting sloshed, on retsina not, sendig postcards.

Macht Spaß, auch wenn es mit der Regel nicht vereinbar ist. Vielleicht machen Sie die Probe:

> I had a marvellous time eating in tavernas, (and) swimming in turquoise water, (and) getting sloshed on retsina(,) and not sending postcards.

Was wäre die Regel ohne die Ausnahme? Sie wäre verbindlich. Und was wäre die Welt, wenn es von allem nur eine Version gäbe? Langweilig. Sehen wir uns diesen Satz an:

> The colours of the Union Jack are red, white and blue.

Man sieht sofort, dass es sich hier um britisches Englisch handelt. Woran? Die Briten schreiben *colours* mit *ou*; und der »Union Jack« ist die britische Flagge. Die Amerikaner schreiben *colors*, und deren Flagge ist das »Sternenbanner« (auch Stars & Stripes).

Es gibt mehrere Arten von Englisch, was man an unterschiedlichen Schreibweisen von Wörtern erkennt; wir betrachten nur das britische und das amerikanische Englisch. Was hat das mit Kommasetzung zu tun?

Im amerikanischen Englisch, so schreibt es zumindest die Englisch-Bibel *Webster's Dictionary of the English Language* gilt das *Serial-Comma* als verbindlich, im britischen Englisch nennt man es *Oxford-Comma*, und die Verbindlichkeit ist nicht ganz so streng.

Das Oxford-Komma ist das Komma vor dem *and* und Auslöser des Streites zwischen Thurber und Ross:

> The colors of the starspangled Banner are red, white, and blue.
> The colours of the Union Jack are red, white, and blue.

Ja, im britischen Englisch steht das Komma ebenfalls bei einer Aufzählung von mehr als zwei Gliedern, auch wenn das letzte Glied durch eine Konjunktion (*and* oder *or*) angeschlossen ist (siehe *Fowler's Modern English Usage* oder Langenscheidts *Muret-Sanders* zum Oxford-Komma).

> The colours of the Union Jack are red, white and blue

geht aber auch. Der Satz ist grammatikalisch korrekt, und doch wird es Menschen geben, die bemängeln, dass hier das Oxford-Komma nicht gesetzt wurde.

Zeichensetzung soll Klarheit schaffen, das Lesen vereinfachen und Missverständnisse ausschließen.

> I went to the chemist Marks and Spencer and NatWest.

Wohin ging ich? Zur Drogerie, zu Marks und zu Spencer und zu NatWest? Oder zur Drogerie Marks und zu Spencer und zu NatWest? Oder zur Drogerie Marks, zu Spencer & NatWest?

> I went to the chemist, Marks & Spencer and NatWest.

Ich ging also zur Drogerie, ins Kaufhaus und zur Bank. Und wenn Sie möchten, können Sie auch ein Komma vor *and* setzen.

Man sollte nicht all zu starr mit dem Oxford-Komma umgehen. Manchmal wird eine Aussage klarer, wenn man ein Komma setzt, manchmal nicht. Wie zu Beginn gesagt: Satzzeichen sind Verkehrszeichen der Sprache: Sie sagen: Langsam, Achtung, Nimm die Umleitung und Stopp.

2. Kommas bei Adjektiven

Bei Aufzählung von Adjektiven setzt man ein Komma, sofern ein *and* auch angemessen wäre:

It was a dark, stormy night.

(The night was dark *and* stormy. Man kann davon ausgehen, dass es auch dunkle, windstille Nächte gibt)

He was a tall, bearded man.

(He was tall *and* bearded. Man kann davon ausgehen, dass es auch große, glatt rasierte Männer gibt oder kleine, bärtige.)

It was an endangered, white rhino.

It was endangered and white? Kann man davon ausgehen, dass es auch gefährdete grüne Nashörner gibt? Hier ist das Komma fehl am Platz: Treffen zwei Adjektive zusammen, bei denen das zweite Adjektiv eng mit dem Substantiv verbunden ist, dann setzt man kein Komma.

It was an endangered white rhino.
He had vivid brown eyes.
Australian red wines are better than Australian white ones.

Hier steht kein Komma, weil die Adjektive keine Auflistung sind und das zweite Adjektiv eine enge Beziehung zum Substantiv hat.

3. Kommas bei Verbindungen

Ein Komma braucht man, wenn zwei vollständige Sätze (also Sätze die Subjekt, Prädikat, Objekt enthalten) miteinander verbunden werden. Vorzugsweise durch Konjunktionen (Bindewörter) wie *and*, *or*, *but*, *while* und *yet*.

> The boys wanted to stay up until midnight, but they grew tired and fell asleep.

Wo hier ein Komma steht, könnte auch ein Punkt stehen, denn es handelt sich um zwei Hauptsätze:

> The boys wanted to stay up until midnight. They grew tired and fell asleep.

Erst die Verbindung *but* sagt uns: Hier gehört ein Komma hin. Doch auch hier gibt es wieder Ausnahmen, und zwar gleich zwei:

Erste Ausnahme: wenn absichtlich die Konjunktionen ausgelassen und dafür ein Komma gesetzt wird, wo eigentlich ein Semikolon stehen sollte:

> It was the Queen's birthday on Saturday, she got a lot of presents.
> It was the Queen's birthday on Saturday; she got a lot of presents.

So viele hochgeachtete Autoren nehmen das für sich in Anspruch, dass es inzwischen eine eigene, wenn auch etwas unfaire Regel gibt: Verwende es nur, wenn du berühmt bist.

Samuel Beckett drehte in *Molloy* und *Malone Dies* dem Semikolon ständig eine Nase:

> »There I am then, he leaves me, he's in a hurry.«

Doch Beckett war nicht nur ein Genie, er schrieb auch, ohne es zu müssen, in Französisch. Er hat sich das Recht, ohne Rücksicht auf Grammatikregeln zu schreiben, wenn ihm danach war, redlich verdient. Außerdem steht er damit nicht allein. E. M. Forster tat es, ebenso wie Somerset Maugham. Die Liste ist endlos, aber kein Grund, es auch so zu machen, denn das, was bei berühmten Autoren effektvoll, poetisch und verblüffend aussieht, kann schwach, lächerlich oder gar dumm bei anderen wirken, die nicht deren Berühmtheitsgrad erreicht haben.

Zweite Ausnahme: wenn die falschen Verbindungswörter verwendet werden.

Worte, die nicht verwendet werden dürfen, um zwei Sätze mit einem Komma zu verbinden sind *however* und *nevertheless*. Hier steht entweder ein Punkt vor *however* oder *nevertheless* oder eines der ungeliebten Semikolons:

> It was the Queen's birthday on Saturday; nevertheless, she had no post whatever.
> Jim woke up in his own bed; however, he felt great.

4. Kommas bei Auslassungen

Haben wir es bald? Hoffentlich. Doch was jetzt kommt, ist einfach, betrifft Wortauslassungen, die durch ein Komma angezeigt werden:

> Annie had dark hair; Sally, fair.
> Harry joint the Army; Pauline, the university.

5. Kommas vor direkter Rede

Ein alter Brauch, der möglicherweise bald verschwinden wird. Heute zieht man es vor, den Doppelpunkt zu verwenden.

> The Queen said, »Doesn't anyone know it's my birthday?«
> The Queen said: »Doesn't anyone know it's my birthday?«

6. Kommas vor Ausrufen

Auch einfach, nicht wahr?

> Stop, or I'll scream!
> Hey, got it now with these darn old commas?

7. Kommas in Paaren

Hier wird es knifflig. Man setzt in einem Satz dort Kommas in Paaren, wo eine »*Textpassage mit zusätzlicher Information eingefügt ist, die aus dem Satz auch wieder herausgenommen werden kann, ohne dass die Bedeutung des Satzes Schaden erleidet.*« Alles klar?
Die beiden Kommas markieren die Stellen, an denen Leser den Tortenheber ansetzen können, um das Stück »zusätzlicher Information« aus dem Satzgefüge zu heben.
Und das sieht dann so aus:

> John Keats, *who never did any harm to anyone*, is often invoked by grammarians.
> *Nicholas Nickleby*, *published in 1839*, uses a great many commas.

In diesen Beispielen kann die eingefügte Passage zwischen den beiden Kommas unbedenklich entfernt werden. Die Sätze werden dadurch zwar ein bisschen uninteressanter, aber grammatikalisch sind sie vollständig, und verständlich sind sie auch.

Wie bei anderen Einschlusszeichen (Klammern, Gedankenstrichen, Anführungszeichen) ist es eine Grausamkeit gegenüber dem Leser, wenn das erste Einschlusszeichen gesetzt wird, nicht aber das zweite, das ein Ende des Einschlusses anzeigt. Der Leser hört den ersten Schuh fallen und wartet verzweifelt auf das Fallen des zweiten. Nehmen wir folgendes Beispiel:

> »The Highland Terrier is the cutest, and perhaps the best of all dog species.«

Empfindsame Leser, die das zweite Komma (nach *best*) vermissen, fühlen sich durch so etwas genarrt. Schlimmstenfalls fallen sie in Ohnmacht. Oder sie lachen, weil das folgende Beispiel aus einer Lebensmittelwerbung so schön absurd ist: Schulterbraten, vom Jungbullen gewürzt.

Wie kommt es, dass hierbei trotzdem manchmal Fehler gemacht werden? Ein Leser des »Telegraph« beschwerte sich über den häufig auftretenden Zeitungs-Fauxpas und führte als Beispiel Folgendes an:

> »The leading stage director, Nicholas Hytner, has been appointed to the Royal National Theatre.«

Sollten die Kommas in solchen Fällen nicht entfernt werden?

JA. Denn entfernt man den Namen »Nicholas Hytner« aus dem Text, ergibt der Satz nicht den geringsten Sinn, weil eine wichtige Information fehlt. Doch es gibt hier eine wichtigere grammatikalische Regel.

Sehen Sie sich den Unterschied in folgenden Sätzen an:

> The people in the queue who managed to get tickets were very satisfied.

Und:

> The people in the queue, who managed to get tickets, were very satisfied.

Beim ersten Beispiel ohne Komma-Paar nimmt der Leser an, dass nicht alle Leute in der Schlange Glück hatten. Einige Leute bekamen keine Eintrittskarten.

Beim zweiten Beispiel bekamen alle Leute in der Schlange Eintrittskarten und waren natürlich ganz aus dem Häuschen vor Freude.

Hier geht es darum, ob das Satzstück zwischen den Kommas etwas beschreibt oder nicht.

Wenn ja, dann muss man es *nicht* in Kommas einschließen.

Daher:

> The Highland Terriers that live in our street aren't cute at all.

Ist die Information in dem eingeschlossenen Satz nicht-beschreibend, braucht man jedoch ein Komma:

> The Highland Terriers, when they are barking, are a nightmare.

Da gibt es aber noch etwas Witziges. Steht die Unterbrechung des Satzes am Beginn oder am Ende des Satzes, gilt die Regel für paarweise auftretende Kommas trotzdem, selbst wenn man nur ein Komma sieht.

> Of course, there weren't enough tickets to go round.

Das ist grammatikalisch genau das Gleiche wie:

> There weren't, of course, enough tickets to go round.

sowie:

> There weren't enough tickets to go round, of course.

In vielen Fällen ist es heute üblich, die so genannten schwachen Einschübe mit Kommas einzuschließen. Doch bei Sätzen wie den folgenden gerate ich mit Lektoren aneinander:

> Belinda opened the trap door, and after listening for a minute she closed it again.

Tatsächlich ist das in Ordnung. Klar, es ist nicht unbedingt ein eleganter Satz, doch er weist das Komma grammatikalisch als Verbindungskomma vor dem »*and*« auf. Die meisten Lektoren laufen jedoch beim Anblick eines solchen Satzes violett an und machen daraus:

> Belinda opened the trap door and, *after listening for a minute*, she closed it again.

Das Problem entsteht aus der ehrenwerten Absicht sowohl des Autors als auch des Lektors, sich für eine der beiden Anwendungen zu entscheiden. In vorangegangenen Jahrhunderten – wie wir bei Fielding und Dickens sehen – wurde damals jede einzelne Möglichkeit zur Kommasetzung angewandt, was dann so aussehen würde:

> Belinda opened the trap door, and, after listening for a minute, she closed it again.

Heute tendiert man zu weniger Pingeligkeit beim Lektorat. Eine mit Kommas gespickte Passage wäre in der Vergangenheit ein Zeichen für die sorgfältige Beachtung aller Kommaregeln gewesen. Jemand, der heute noch alle Kommas setzt, offenbart sich als moralisch schwächliches Individuum mit ereignislosem Leben oder zumindest mit längst veralteten Grammatikbüchern. Beim »New Yorker« erzählt Thurber die Anekdote vom Marder, eine Geschichte von einem Hausierer, der Seife verkauft und erst im letzten Augenblick auf einer Veranda in New Jersey dieses Tier erblickt. Thurber sagte, er hätte Ross damals befohlen, ja kein Wort in diesem Text zu verändern, aber er forderte ihn damit offensichtlich heraus. »It preserves the fine texture of the most delicate Skin and lends a lasting and radiant rosiness to the complexion my God what is that thing?«, sagte der Hausierer. Ross setzte natürlich ein Komma nach »my God«. Er konnte einfach nicht anders.

Das große Finale des Kommakapitels ist eine Regel, die man in keinem Grammatikbuch findet. Dafür lässt sie sich ganz einfach merken. Die Regel heißt: Verwende Kommas nicht wie ein Dummkopf. Das meine ich so – mehr als jedes andere Satzzeichen braucht das Komma einen wachen Geist, um die mögliche Mehrdeutigkeit einer Aussage zu erkennen.

Hier einige Beispiele:

1. Leonora walked on her head, a little higher than usual.
2. The driver managed to escape from the vehicle before it sank and swam to the river-bank.
3. Don't guess, use a timer or watch.
4. The convict said the judge is mad.

Im ersten Beispiel sitzt das Komma natürlich an der falschen Stelle, es gehört hinter das Wort »on«.

Im zweiten Beispiel hört es sich so an, als schwömme das Fahrzeug zum Ufer, nicht der Fahrer. Hier fehlt das Komma nach »sank«.

Das dritte Beispiel ist ganz interessant, weil es etwas anderes aussagt als beabsichtigt. Es scheint zu sagen: »Don't guess, *or* use a timer *or* a watch«, obwohl es eigentlich nur sagen will: »Don't guess!« Deshalb sollte ein Semikolon oder ein Punkt hinter »guess« stehen, kein Komma.

Das vierte Beispiel ist völlig in Ordnung, außer, dass eine andere Aussage entsteht als gewollt: »The convict, said the judge, is mad.«

Zwei besonders törichte Arten der Kommasetzung breiten sich aus und sollen deshalb genannt werden. Eine betrifft das Komma, das in der »This English«-Kolumne des »New Statesman« in den späten 1970ern so denkwürdig als »Rowdy-Komma« beschrieben wurde: »Das Rowdy-Komma hat keinen Wert für die Syntax. Es entspricht dem Verlegenheits-Luftholen, während der Autor seine Gedanken sortiert.« Beispiele für dieses Luftholen-aus-Verlegenheit im »New Statesman« enthielten dieses Prachtexemplar aus dem »Guardian«:

> The society decided not to prosecute the owners of the Windsor safari Park, where animals, have allegedly been fed live to snakes and lions, on legal advice.

Das Komma nach »animals« ist nicht nur grammatikalisch falsch, sondern katapultiert das Ende des Satzes (»on legal advice«) in ein komplettes semantisches Chaos.

Unterdessen erscheinen so schwachsinnige Sätze wie:

> Parents, are being urged to take advantage of a scheme designed to prevent children getting lost in supermarkets

und:

> What was different back then, was if you disagreed with the wrong group, you could end up with no head!

nachweislich immer häufiger, auch in deutschen Veröffentlichungen. Hier ein Beispiel:

> Ich male ihre Ahnengalerie, auch Tiere.

(Nach Galerie gehört ein Punkt, sonst könnte sich jemand beleidigt fühlen.)

Noch weniger aufzuhalten ist die Hinwendung zum amerikanischen Telegrammstil in modernen Überschriften. Darin wird dem Komma häufig die Aufgabe zuteil, das Wort »and« zu ersetzen:

> UK study spurns al-Qaeda, Iraq link
> Mother, three sons die in farm fire.

Das war's schon fast für das Komma. Obwohl es nicht stimmt, dass die Juristen schon immer das Komma meiden, versteht man, dass es gute Gründe gab, dem Komma gegenüber vorsichtig zu sein.

Zu einem folgenschweren Missverständnis kam es durch falsche Interpunktion in dem schicksalhaften Telegramm, das 1896 zum so genannten »Jameson-Raid« im Transvaal führte, der als »Fiasko« beschrieben wurde: In der Burenrepublik Transvaal gärte es unter den überwiegend britischen Siedlern rund um Johannesburg (denen die Buren die Bürgerrechte vorenthielten). Sie wandten sich an Cecil Rhodes in der benachbarten Kapkolonie, der ihnen Truppen unter Führung von Leander Starr Jameson versprach. Aber das Telegramm, das die Siedler schließlich an Jameson schickten, enthielt eine tragische Zweideutigkeit:

> It is under these circumstances that we feel constrained to call you to come to our aid should a disturbance arise here the circumstances are so extreme that we cannot believe that you and the men under you will not fail to come to the rescue of people who are so situated.

Eric Partridge sagt dazu in *Usage and Abusage*: Setzt man nach dem Wort »aid« einen Punkt, lautet die Nachricht eindeutig: »Komm sofort!« Setzt man dagegen den Punkt nach dem Wort »here«, dann bedeutet sie: »Wir können deine Hilfe später wahrscheinlich mal gut gebrauchen, das hängt davon ab, was hier passiert, doch bis dahin unternimm nichts, Jameson, alter Junge, wir melden uns.« Die »Times« setzte natürlich bei der Veröffentlichung des Telegramms den Punkt nach dem Wort »aid« (wer dafür verantwortlich war, weiß niemand), und so preschte Jameson los, ohne dass die Siedler das gewollt oder auch nur erwartet hätten.

Das zeigt nur, dass Partridge Recht hatte, als er sagte, Zeichensetzung sei »das Gleis, auf dem der Zug (Komposition, Stil, Text) fahren muss, damit er nicht mit seinem Fahrer davonfährt«.

Es wurde manchmal behauptet, dass Sir Roger Casement (1864–1916), der irische Möchtegern-Rebell, tatsächlich »an einem Komma« aufgehängt worden ist. Klingt ein wenig harsch, macht aber auch neugierig. Wie kann man an einem Komma aufgehängt werden? Rutscht da nicht dauernd das Seil ab? Nun, nachdem Casement 1916 von einem deutschen U-Boot an der irischen Küste abgesetzt worden war, wurde er verhaftet und auf Grund eines Gesetzes von 1351 des Landesverrats angeklagt. Sein Verteidiger entschloss sich, Aspekte der Zeichensetzung in Frage zu stellen – natürlich die letzte Zuflucht für den Schurken, aber man kann ihm keine Vorwürfe machen, es schien ihm wohl den Versuch wert. Er argumentierte, dass das Gesetz nicht nur in normannischem Französisch, sondern auch ohne Zeichensetzung verfasst worden wäre und somit offen sei für Interpretationen. Die in Frage gestellte Passage, wörtlich übersetzt, lautete:

> If a man be adherent to the king's enemies in his realm giving to them aid and comfort in the realm or elsewhere ...

Casements Verteidigung argumentierte, da Casement kein Anhänger der Feinde des Königs »im Königreich« sei (sondern im Gegenteil seine landesverräterischen Aktivitäten gewissenhaft im Ausland plante), wäre er nicht schuldig. Man kann sich diesen Satz stundenlang ansehen, ohne jeglichen Sinn in dieser lächerlichen Kontroverse zu entdecken. Casement wurde eindeutig durch die Wendung »or elsewhere« überführt, ganz egal, wie man auch die Zeichensetzung anwendet. Wie dem auch sei, zwei Richter gingen brav zum Staatsarchiv, um das Originaldokument zu untersuchen, und fanden tatsächlich unter dem Mikroskop eine schwache, aber hilfreiche *virgule* nach dem zweiten »realm«, was offensichtlich die ganze Sache entschied. Richter Darling urteilte, dass »giving aid and comfort to the king's enemies« eine Beifügung wäre:

> They are words to explain what is meant by being adherent to, and we think that if a man be adherent to the king's enemies elsewhere, he is equally adherent to the king's enemies, and if he is adherent to the king's enemies, then he commits the treason which the statute of Edward III. defines.

Es sind Wörter, die erklären, was mit »being adherent to« gemeint ist, und wir sind der Ansicht, dass, wenn ein Mann anderswo Anhänger der Feinde des Königs ist, er immer noch zu den Feinden des Königs gehört; und wenn es so ist, begeht er jenen Landesverrat, den die Statuten Edwards III. definieren.

Ein ähnlicher Kommadisput wütet heute noch in einem Fall mit weniger politischem Hintergrund. Im April 1991 korrigierte und unterschrieb Graham Greene ein maschinengeschriebenes Dokument, das den Zugang zu seinen Papieren an der Georgetown Universität einschränkte. Oder etwa nicht? Das Dokument lautete vor der Korrektur:

> I, Graham Greene, grant permission to Norman Sherry, my authorised biographer, excluding any other to quote from my copyright material published or unpublished.

Als jemand, der sein Leben lang Fahnen korrigiert hat, fügte Greene automatisch ein Komma nach »excluding any other« ein und starb am nächsten Tag, ohne zu erklären, was er damit meinte. Durch dieses Komma wurde große Verwirrung gestiftet. Sind »any other« Wissenschaftler ausgenommen, aus dem Material zu zitieren? Oder nur andere Biografen? Der Bibliothekar von Georgetown interpretiert das Dokument dergestalt, dass keiner außer Norman Sherry das Material überhaupt einsehen darf. Unterdessen behaupten andere, so auch der Sohn von Greene, dass das Komma nur deshalb eingefügt worden war, weil er deutlich machen wollte, dass Sherry sein einziger autorisierter Biograf sei. Es lohnt sich, hier darauf hinzuweisen, dass die Juristensprache mit ihren hochgesteckten Bemühungen, alles abdecken zu wollen, fast immer daran scheitert und semantisch allen möglichen Interpretationen offen steht. Wäre es Greene erlaubt gewesen zu schreiben:

> »Let Norman Sherry see the stuff and no one else«

oder

> »Don't let other biographers quote from it, but otherwise all are welcome«,

wäre diese lächerliche Diskussion nie entstanden.

Ⓓ *Und wie ist es im Deutschen?*

Kommaregeln sind das Kapitel der Zeichensetzung, das wohl den meisten Menschen schon in frühesten Jahren das Schreiben verleidet. Neun Paragrafen widmen sich im Regelwerk der deutschen Rechtschreibung dem Kommagebrauch. Im Abschnitt zur Rechtschreibung und Zeichensetzung des Duden lernt man eine ganze Menge über das Komma, dessen Haltung, Aufzucht und Pflege. 60 Seiten im Zeichensetzungs-Duden *Komma, Punkt und alle anderen Satzzeichen* beschäftigen sich mit dem Komma. Weitere 60 Seiten beleuchten Konjunktionen und andere »Kommawörter«.

Was man bei all dem leicht vergisst, ist, dass das Komma in erster Linie Gliederungsfunktion hat. Es gliedert die Satzkonstruktion in sinnvolle Abschnitte, damit der Satz leichter zu lesen, zu verstehen ist. Das aber setzt eine Kenntnis der Bauweise von Sätzen voraus, also Grammatikkenntnisse, und da liegt das Problem. Ohne ausreichende Kenntnis der Grammatik keine richtige Kommasetzung und damit oft eine Sinn- oder Verständnisverwirrung.

Einfachste Regel für die Kommasetzung:
Lies einen Satz, und dort, wo Luft geholt wird, setze ein Komma.

Einfachste Kommaregeln:

Ein Komma steht bei Aufzählungen, wenn die gleichrangigen Wörter oder Satzteile *nicht* mit »und« oder »oder« verbunden sind.

> Mein Bäumchen, mein Eselchen, meine Mutter, mein Bruder, mein Land, mein kleiner Gott, mein kleiner Fremder, mein kleiner Lotus, mein Müschelchen, mein Lieber, mein Pflänzchen, geh nun,

beginnt Prousts Erzählung »Das Ende der Eifersucht«.

Das Zimmer hat etwas von Werkstatt: Schreibmaschine, Blätter, Schere, Kiste mit Büchern, auf einem Sessel liegen Zeitungen ... (Max Frisch: *Erinnerungen an Brecht*)

Komma, weil kein »und« oder »oder« steht, es ist eine Aufzählung.

Sie wollte nur schlafen, keine Kunden mehr sehen, hinter zugezogenen Vorhängen den Tag vertrödeln und nur aufstehen, um etwas zu essen.

Komma in Aufzählung gleichrangiger Satzteile; das letzte Komma trennt einen Nebensatz.

Die Gründerväter der Rotfabrik waren Meister Lucius und Brüning.

Kein Komma, weil »und«. Halt, waren das nicht drei Werksgründer? Stimmt. Die Herren Meister, Lucius und Brüning gründeten die Rotfabrik. Und weil in der Gründerurkunde ein Komma vergessen wurde, glaubten Generationen von Lehrlingen, dass der Meister Lucius und der Herr Brüning ... was dazu führte, dass den Meistern in der Rotfabrik besondere Bedeutung zukam ...

Ein Komma trennt:
einen Haupt- von einem Nebensatz (Hauptsätze können allein stehen und ergeben einen Sinn, Nebensätze nicht)

Alles ist so, dass man in achtundvierzig Stunden abreisen könnte; unheimisch.
Brecht will wissen, was man findet. (Max Frisch: *Erinnerungen an Brecht*)

sowie Hauptsätze, wenn sie nicht durch »und« oder »oder« verbunden werden:

Es wird nie genug sein, es kommt der Hunger ewiglich, es bleibt Grund für Sorge. (Günter Grass: *Der Butt*)

Und die Natur sah ich ohne Geduld, so verging meine Zeit, die auf Erde mir gegeben war. Brecht geht auf und ab, zuweilen stehen wir beide. (Max Frisch: *Erinnerungen an Brecht*)

(Nach der alten Rechtschreibung setzen wir ein Komma, wenn Hauptsätze durch »und« oder »oder« verbunden sind, weil wir es dem Leser leicht machen möchten. Es kann gut sein, dass diese bewährte Regel wieder zurückkehrt.)

Das Komma trennt nachgestellte und eingefügte Appositionen (Beisätze) und Erläuterungen ab und schließt sie ein.

> Brecht, *wie immer versehen mit seiner grauen Schirmmütze*, stützt sich auf das etwas morsche Geländer, eine Zigarre rauchend.
> Die Wohnung, *die Brecht in Herrliberg bekommen hat*, befindet sich in einem alten Gartenhaus. (Max Frisch: *Erinnerungen an Brecht*)
>
> Ein Mädchen mit rotblondem Haar, *das von einem Spaziergang heimzukommen schien und eine Gartenschaufel in der Hand trug*, hob ihr mit rosigen Flecken übersätes Gesicht und schaute zu uns herüber. (»Erste Begegnung mit Gilberte«, aus: »Auf der Suche nach der Verlorenen Zeit«, Bd 1: *In Swanns Welt*, Marcel Proust)

Kein Komma steht:
vor Konjunktionen wie »und«, »oder«, »bzw.«, »entweder – oder«, »nicht« – »noch«, »sowie«, »sowohl – als/wie [auch]«, »weder – noch«, »wie«:

> In irgendeiner Falte seiner reisenden Existenz ist er stolz oder gerührt und möchte sich dennoch ärgern, weil er Geschichte in Schulbüchern gemacht hat und Lehrstoff geworden ist.
> (Günter Grass: *Der Butt*)
>
> Nicht jede Medizin verringert die Krankheit oder lindert den Schmerz. (Hans Henny Jahnn: *Das Holzschiff*)

Kein Komma steht:
zwischen nicht gleichrangigen Adjektiven.

> Etwa vierzig vergeistigte Menschen hocken, in *schöne weiträumige Stoffe* gehüllt, auf Bastteppichen unter dem Ventilatorpropeller; vor den Fenstern grenzen die Bustees an. (Günter Grass: *Der Butt*)

Kein Komma, weil weiträumige Stoffe hier eine Worteinheit bilden, die durch das Adjektiv (schöne) nur näher bestimmt wird). Würde zwischen »schöne« und »weiträumige« ein Komma stehen, wäre die Bedeutung des Satzes folgende: Es gibt auch hässliche, weiträumige Stoffe oder einfarbige oder bunte, weiträumige.
Kleines Komma, große Wirkung.

> Er suchte in höher liegenden, unbewaldeten Regionen nach dem geheimnisvollen Tier (*bedeutet: Es gibt auch tiefer liegende Regionen, die aber bewaldet sind*).
> Er suchte in höher liegenden unbewaldeten Regionen nach dem geheimnisvollen Tier (*bedeutet: Es gibt auch tiefer liegende unbewaldete Regionen*).

Unfreiwillig komisch kann es auch auf Beerdigungen zugehen:

> Hier sehen wir Herrn Andreas K., mit dem Hund Daisy, der jetzt Generalbevollmächtigter wird. (Aus der Berichterstattung von N24 anlässlich der Mooshammer-Beerdigung am 22.1. 2005)

In der gesprochenen Rede sieht man natürlich die sinnstiftende Zeichensetzung nicht. Und selbst wenn man es geschrieben sieht, kommt es einem irgendwie schräg vor, obwohl die Kommasetzung korrekt ist.

> Freiburg hat, was alle suchen. (*Versprechen und Behauptung.*)
> Freiburg hat was, alle suchen. (*Ob sie es gefunden haben? Aus der »Zwiebelfisch«-Kolumne des »Stern«, die uns zum Titel für dieses Buch inspiriert hat.*)

Trösten Sie sich: Es ist kein Weltuntergang, wenn mal ein Komma verrutscht, selbst wenn manche Philologen, Oberstudienräte, Literaturkritiker und Gralshüter der reinen Lehre das meinen. Fragen Sie sich, ob das, was Sie sagen wollen, eindeutig zu verstehen ist, im Zweifel schlagen Sie nach oder machen einen kleinen Test, ob es auch so, wie Sie es meinen, verstanden wird.

Hier ein paar Tipps für alle Sprachliebhaber und Schreibenden:

> Bleiben Sie locker, wenn es um Kommaregeln geht,
> schlagen Sie öfter mal im Wörterbuch nach,
> lesen Sie laut, um ein Gefühl für Komma-Pausen zu bekommen,
> und wenn Sie unsicher sind, bilden Sie lieber zwei kurze Sätze als einen langen mit falscher Zeichensetzung und missverständlicher Bedeutung.

Kommas, brauchen, wir, nicht

Auf der Internetseite *www.autorenhaus.de* finden Sie eine kleine Sammlung von Beispielen, die ganz überzeugend belegen, dass Kommas überflüssig sind – oder doch nicht? Hier ein Auszug aus den von unseren Lesern eingesandten Beispielen:

Kommas brauchen wir, nicht Worte allein genügen.
Kommas brauchen wir nicht, Worte allein genügen.

Ich kenne die Antwort, nicht aber die Frage.
Ich kenne die Antwort nicht, aber die Frage.

Es regnet, bald ziehen wir weiter.
Es regnet bald, ziehen wir weiter.

Ich gehe meinen Weg zur Hölle mit dir.
Ich gehe meinen Weg, zur Hölle mit dir!

Eingesandt von Ulf Neubert

Er liebt sie, nicht nur heute!
Er liebt sie nicht, nur heute!

Sie weiß, was er arbeitet!
Sie weiß was, er arbeitet!

Alle lachen, nur sie nicht!
Alle lachen nur, sie nicht!

Eingesandt von Andrea Ledere

Der gute Mensch denkt an sich, selbst zuletzt.
Der gute Mensch denkt an sich selbst zuletzt.

Eingesandt von Sabine Fiedler-Hemke

Sie glaubt ihm, nicht nur jetzt!
Sie glaubt ihm nicht, nur jetzt!

Ich sterbe, nicht weil ich dich liebe!
Ich sterbe nicht, weil ich dich liebe!

Eingesandt von Christian Walber

Alles Unglück wünsch ich dir,
fern vom Leibe bleibe mir,
alles Unglück treffe dich,
niemals aber denk an mich!
Alles Unglück wünsch ich dir
fern vom Leibe, bleibe mir
alles, Unglück treffe dich
niemals, aber denk an mich!

Eingesandt von Mechthild Juny

90 Prozent aller modernen Lyriker, argwöhnen die Leser,
seien reif fürs Tollhaus.

90 Prozent aller modernen Lyriker argwöhnen, die Leser
seien reif fürs Tollhaus.

Eingesandt von Brigitte Stolle

Mein Gewissen sagt mir, das Gesetz ist in diesem Falle Nebensache.

Mein Gewissen, sagt mir das Gesetz, ist in diesem Falle Nebensache.

Eingesandt von Susanne Müller

Sie sah hinaus in den Schnee, der nun im Glanz der Lichter aus dem Speisesaal strahlte.

Sie sah hinaus in den Schnee, der, nun im Glanz der Lichter aus dem Speisesaal, strahlte.

oder so:
Sie sah hinaus in den Schnee, der nun, im Glanz der Lichter aus dem Speisesaal, strahlte.

Eingesandt von Christine Jakeman

STIL UND ALLÜREN

Mit etwa vierzehn Jahren vermittelte mir eine Schulfreundin, die den Sommer in Michigan verbracht hatte, eine Brieffreundin in Amerika. Daran erinnere ich mich nicht gerade voller Stolz, und ich hoffe, ich vergesse es irgendwann. Die Korrespondenz umfasste immerhin drei Seiten, aber niemand von der Oxford University Press hat bisher vorgeschlagen, sie mit wissenschaftlichem Begleittext und Fußnoten versehen herauszugeben.

Das Problem war, dass Kerry-Anne ein ganz gewöhnlicher Teenager ohne jedes literarisches Interesse war – und aus irgendeinem Grund meldete sich der altkluge Blaustrumpf in mir. Als der erste Brief kam (sie hatte mutig den Anfang gemacht) war ich entsetzt. Eine riesige Handschrift, wie die eines Kleinkindes, auf rosa Briefpapier, mit Flüchtigkeitsfehlern – und über jedem »i« statt Punkten riesige Ballons. »Ich bin erdbeerblond«, schrieb sie, »mit einem leichten Anflug von Sommersprossen.« Später begriff ich, dass die Erwartung, eine Brieffreundin aus einer achten Klasse in Detroit würde wie Samuel Johnson schreiben, unrealistisch war. Doch andererseits: Welchen irdischen Nutzen hatte dieses nichtssagende, unscheinbare Dummerchen mit Pigmentproblemen für mich?

Bis zum heutigen Tag schäme ich mich für das, was ich Kerry-Anne antat (die, was mich nicht überraschte, nie wieder schrieb). Ich beantwortete ihren kindischen Brief auf grünem, sehr erwachsen wirkendem Büttenpapier mit einem Füllfederhalter. Ob ich dabei auch ein schwarzes Abendkleid trug, ist mir entfallen, doch ich weiß, dass ich absichtlich das Wort »desultory«

(beiläufig) fallen ließ, und ich glaube, ich verwendete sogar ein paar französische Worte. Hochtrabend? Nun, um Gustave Flauberts berühmte Identifizierung mit Emma Bovery zu adaptieren: »*Adrian Mole, 13 ¾ Jahre alt ... c'est moi.*« Warum mir diese peinliche Teenager-Episode jetzt wieder einfällt, hat damit zu tun, dass in meinem Bestreben, die kleine Kerry-Anne niederzumachen, bei mir buchstäblich alle Dämme brachen: Ich verwendete ein Semikolon. »I watch television in a desultory kind of way; I find there is not much on«, schrieb ich. Es war fantastisch. Ich fühlte mich großartig. Es war wie bei »Crocodile Dundee«, wenn der abgehalfterte Held sich über das Messer des Möchtegern-Ganoven mokiert und selbst eine 30-Zentimeter-Klinge zum Vorschein bringt. »*Das* nennst du ein Messer? DAS hier ist ein MESSER!«

In diesem Kapitel möchte ich Zeichensetzung als Kunst untersuchen. Daher kommen hier Doppelpunkt und Semikolon, unter dem Jubel aller Autoren im Publikum, im Walzerschritt daher. Sind sie nicht anmutig? Befragt man Schriftsteller zur Zeichensetzung, werden sie sich nicht über den Missbrauch der Apostrophe beklagen, sondern sich fast atemlos über das Schicksal des Semikolons ereifern. Ist es in Gefahr? Was tun, wenn es ganz verschwindet? Haben Sie bemerkt, dass Zeitungen es immer seltener verwenden? Rettet das Semikolon! Es ist lebensnotwendig für unser Handwerk! Die Treue der Autoren ist berechtigt. Ist es eine Kunst, die bisher besprochenen Satzzeichen anzuwenden? Nein. Wenn man den Apostroph richtig setzt, beweist man lediglich, dass man kein Dummkopf ist. Das Komma ist immer noch ein praktisches Zeichen, das sich die Lunge aus dem Hals rennt, um der Satzbedeutung und der Satzmelodie zu dienen. Man beweist Vertrauen in den eigenen Stil und Respekt vor dem Leser, wenn man weiß, wie man das Komma vernünftig setzt. Aber das allein macht einen noch nicht zum guten Schriftsteller.

Doppelpunkte und Semikolons dagegen spielen in einer anderen Liga! Geben einen Anstoß. Stellt man sich vor, dass ein Satz durch den groß geschriebenen Anfangsbuchstaben hoch in die Luft katapultiert wird und nach einiger Zeit mit leisem »Plopp«

vor dem Satzendpunkt landet, dann können Kommas den Satz schon eine Weile in der Schwebe halten. Nähert er sich dem Satzende, wirft ein Komma ihn wieder in die Luft, wie einen Ball, und HOCH, neuer Gedankengang, und HINAUF mit dir, eine weitere Anmerkung, und weiter: HOCH, es gibt immer noch was zu sagen, bis der Stoff ausgeht, der Satz-Ball sachte auf dem Boden auftrifft, ausrollt und schließlich, weil es nichts mehr zu sagen gibt, mit drei Pünktchen zum Stillstand kommt. Doppelpunkt und Semikolon sind wie Aufwinde, die die Sätze erneut in die Höhe treiben, die Gesetze der Schwerkraft außer Kraft setzen, Loopings und Sturzflüge zulassen. Sie glauben mir nicht? Lesen Sie Virginia Woolf:

> As for the other experiences, the solitary ones, which people go through alone, in their bedrooms, in their offices, walking the fields and the streets of London, he had them; had left home, a mere boy, because of his mother; she lied; because he came down to tea for the fiftieth time with his hand unwashed; because he could see no future to a poet in Stroud, and so, making a confident of his little sister, had gone to London leaving an absurd note behind him, such as great men have written, and the world has read later when the story of their struggles has become famous.
> (Virginia Woolf: *Mrs Dalloway*)

Die deutsche Übersetzung von *Miss Dalloway* (von Walter Boehlich) hält sich vielleicht auch deshalb sehr eng an den Originaltext, um diese Besonderheit in der Zeichensetzung zu erhalten:

> Was die anderen Erfahrungen angeht, die einsamen, die die Leute allein durchmachen, in ihren Schlafzimmern, in ihren Kontoren, auf Spaziergängen durch die Felder und durch die Straßen von London, die hatte er auch; er war, fast noch ein kleiner Junge, von zu Hause weggegangen, seiner Mutter wegen; sie log; weil er zum fünfzigsten Mal mit ungewaschenen Händen zum Tee gekommen war; weil er keine Zukunft für einen Dichter in Stroud sehen konnte; und daher, nur seine kleine Schwester ins Vertrauen

ziehend, nach London gegangen war, unter Hinterlassung einer ungereimten Notiz, wie große Männer sie geschrieben haben und die Welt sie später gelesen hat, wenn die Geschichte ihrer Kämpfe berühmt geworden ist.

Sehen Sie sich den Höhenflug dieses Satzes an. Erstaunlich, dieses Schweben.

Natürlich gibt es nichts Absolutes beim literarischen Geschmack. So wie es Autoren gibt, die dem Semikolon huldigen, gibt es andere, die es kleinbürgerlich finden. James Joyce zog den Doppelpunkt dem Semikolon vor, weil er im klassischen Sinne authentischer sei; P.G. Wodehouse schrieb in leichtem, mühelos wirkendem Stil ohne ihn; George Orwell versuchte in *Coming Up for Air* das Semikolon völlig zu vermeiden und erzählte seinem Lektor 1947: »Damals war ich zu dem Schluss gekommen, dass das Semikolon ein unnötiger Stopp ist und dass ich mein nächstes Buch völlig ohne Semikolon schreiben wollte.« Martin Amis fügte in *Money* nur ein einziges Semikolon ein und war hinterher sehr mit sich zufrieden (mehr als sonst). Der amerikanische Autor Donald Barthelme schrieb, das Semikolon sei »hässlich, hässlich wie eine Zecke an einem Hundebauch«. Fay Weldon sagt, dass sie Semikolons gar nicht mag, »was verrückt ist, weil es eigentlich nichts gibt, was ich nicht mag«. Unterdessen behauptete Gertrude Stein, die energische Feindin jeglicher Zeichensetzung (Kommas sind »servil«), dass Semikolons sich den Kommas überlegen fühlten, aber damit falsch lägen:

> Sie sind mächtiger gewichtiger anspruchsvoller als ein Komma, aber sie sind dennoch Kommas. Sie haben wirklich in sich tief in sich grundlegend in sich die Natur eines Kommas.
> (Gertrude Stein: *Poetik und Grammatik*)

Sollen wir auf jene hören, die das Semikolon verachten? Niemals. Es sind Wichtigtuer.

Als ein Wissenschaftler Umberto Eco dazu beglückwünschte, in seinem Roman *Im Namen der Rose* kein Semikolon verwendet zu haben, erklärte der unbekümmert, dies sei nur geschehen, weil es auf seiner Schreibmaschine kein Semikolon gegeben hätte und man solle besser nicht zu viel hineinlegen. So erzählt man sich.

Wer kein Schriftsteller ist, begegnet dem Doppelpunkt und dem Semikolon mit Misstrauen, aber nur wegen der hochgestochenen akademischen Debatte darüber. In seinem Buch *You have a Point there* meint Eric Partridge, die Verwendung von Doppelpunkten in einem Text wäre so ähnlich wie das Klavierspielen mit überkreuzten Händen. Leider kann man für alles, was man nicht tun will, einen Grund finden. Hier einige der beliebtesten Gründe:

1. Sie sind altmodisch
2. Sie sind kleinbürgerlich
3. Sie sind optional
4. Sie sind merkwürdigerweise mit Pausen verbunden
5. Sie machen süchtig (siehe Virginia Woolf)
6. Der Unterschied zwischen ihnen ist zu minimal, um von der Menschheit verstanden zu werden.

Hoffentlich kann ich all diese Einwände auf den folgenden Seiten entkräften. Ich sollte noch darauf hinweisen, dass die Stil-Gurus der Fleet Street Anhänger solcher Vorurteile sind. Das Semikolon ist bei den Zeitungsmachern jüngst in Ungnade gefallen, weil Zeitungsleser angeblich kurze Sätze und mundgerechte Absätze vorziehen und die Zeitungsspalten frei von schnörkeligen Würmchen haben wollen. Wahrscheinlicher ist, dass die wirklichen Gründe in der lächerlichen Verwirrung der Redaktionen über die Zeichensetzung zu finden sind sowie in dem Misstrauen gegenüber den Autoren, selbst wenn sie schon bewiesen haben, dass sie etwas von ihrem Handwerk verstehen.

Yann Martell schreibt in seinem Roman *Die Hintergründe zu den Helsinki-Roccamations*: Als ich noch einmal auf das Programm sah, fiel mir auf, dass das Maryland-Ensemble Doppelpunkte zwischen die Komponisten und ihre Werke gesetzt hatte, jedoch Kommas zwischen die Musiker und ihre Instrumente. Das erinnerte mich an Joseph Conrad. Conrad ist ein Meister der Interpunktion. Eine Stelle werde ich nie vergessen. Sie stammt aus Conrads erstem Roman:

> »Ich wollte erleben, wie weiße Männer vor der Macht deiner Schönheit und deines Reichtums den Rücken beugen.«
> »Hörst du? Ich hatte alles; hier; zum Greifen nah.«
> (Joseph Conrad: *Almayers Wahn*)

Wie brillant, der Umgang mit dem Semikolon. Ein bewundernswerter Bau: je drei Wörter davor und danach, gelagert auf dem Angelpunkt, auf dem einen Wort, das die ganze Spannung, das ganze Gewicht des Satzes trägt. Ein gewöhnlicher Schriftsteller hätte diesen Angelpunkt mit Kommas abgetrennt. Auch Gedankenstriche hätten die Aufgabe erfüllt. Aber mit Semikola isoliert er das »hier«, ohne dass er es in Paranthese setzt, und gibt dem Wort damit erst seine wahre Wucht. Die unteren Striche halten es wie zwei verzweifelt emporgereckte Hände, die Punkte starren uns an wie zwei unglückliche Augen, und das Wort ist der Aufschrei der entsetzlichen Hoffnungslosigkeit von zwanzig vergeblichen Jahren. Die Zeichensetzung in diesem Satz ist dramatisch, dynamisch und energisch. Es ist die Interpunktion eines wahren Meisters.

Sind Doppelpunkt und Semikolon wirklich altmodisch? Nein, sie sind alt. Das erste gedruckte Semikolon war gerade zwei Jahre, nachdem Kolumbus in die Neue Welt gesegelt war, das Werk des guten Aldus Manutius und kam zur gleichen Zeit auf wie die Einführung der doppelten Buchführung. Doch obwohl ich immer noch fast in Ohnmacht falle, wenn ich das Original-Semikolon von 1494 betrachte, war dies nicht das erste Mal, dass ein menschliches Wesen einen Punkt über ein Komma setzte. Die Schreiber im Mittelalter verwendeten ein unserem Semikolon sehr ähnliches Zeichen, um Abkürzungen anzuzeigen (daher mag »atque« als »atq;« auftauchen). Die Griechen gebrauchten das Semikolon, um eine Frage anzuzeigen (und tun das heute noch, diese Verrückten). Im Mittelalter wurde ein verdächtig ähnliches Zeichen (der *punctus versus*) verwendet, um das Ende eines Psalms anzuzeigen. Doch wen interessiert das schon? Was uns wirklich umtreibt, ist, dass die Verwirrung über den Gebrauch der beiden Zeichen schon lange vor 1700 bestand, als Doppelpunkt und Semikolon ins Englische aufgenommen wurden. Erst in jüngster Zeit haben Grammatiker klare und befriedigende Regeln für ihre Anwendung erarbeitet. Tragischerweise genau zu dem Zeitpunkt, zu dem die moderne Kommunikationstechnik alle Feinheiten der Zeichensetzung auszulöschen droht.

Viele Jahre lang waren die Grammatiker uneins über den Unterschied zwischen Doppelpunkt und Semikolon. War das Semikolon vielleicht literarischer? Ein Grammatiker aus dem Jahre 1829 lamentierte, dass die beiden Zeichen die »urzeitlichen Quellen eines unnützen Streits« seien. Dann wurde jedoch beschlossen, die Zeichen nach ihrem Gewicht hierarchisch zu klassifizieren. So wurde das Komma das leichtgewichtigste Zeichen, dem folgte das Semikolon, dann der Doppelpunkt und schließlich der Punkt. In *Principles of Punctuation: or, The Art of Pointing* fügte Cecil Hartley dieses kleine Gedicht ein, das uns das einfache Einmaleins der Zeichenwerte erklärt:

> The stops point out, with truth, the time of pause
> A sentence doth require at ev'ry clause.
> At ev'ry comma, stop while *one* you count;
> At semicolon, *two* is the amount;
> A colon doth require the time of *three*;
> The period *four*, as learned men agree.

Diese Methode des Sortierens von Satzzeichen wie musikalische, ansteigende Pausenwerte wurde lange Zeit nicht in Frage gestellt. Ich halte es für kompletten Unsinn. Wer zählt denn schon beim Schreiben? Stellen Sie sich all die armen Teufel vor, die in den vergangenen drei Jahrhunderten an ihren Schreibtischen gesessen, mit dem Stift auf die Tischplatten geklopft und versucht haben herauszufinden, ob »To err is human, *klopf, klopf*, to forgive divine« besser ist als »To err is human, *klopf, klopf, KLOPF*, to forgive divine« – und schließlich in Tränen ausbrachen, weil sie feststellten, dass beides sich nicht gut anhörte. Wie kann man sich vorstellen, ein Semikolon sei eine Idee gewichtiger als ein Komma und der Doppelpunkt vielleicht ein Nanogramm leichter als der Punkt? Das ist die falsche Methode, Doppelpunkt und Semikolon zu charakterisieren und zu klassifizieren. Sie verlangsamen keineswegs einen Satz. Ganz im Gegenteil. Lewis Thomas schrieb in *Die Meduse und die Schnecke* über das Semikolon:

> Das Semikolon zeigt an, dass für den vorangegangenen vollständigen Satz noch eine Frage offen ist; etwas muss noch hinzugefügt werden [...] Der Punkt sagt: Das war es; falls man nicht alles, was man wollte oder erwartete, verstanden hat, hat man trotzdem alles, was der Autor vorhatte zu sagen, bekommen, und nun muss man weitermachen. Doch beim Semikolon bekommt man das herrliche Gefühl der Erwartung; da kommt noch was; lies weiter, es wird deutlicher werden.

Erwartungen, darum geht es bei diesen Pausen; Erwartungen und dehnbare Energie. Sie sind wie innere Federn, die einen anstoßen in einem Satz, hin zu weiterer Information. Der wesentliche Unterschied zwischen den beiden ist, dass das Semikolon uns in jede mit dem Vorhergesagten in Zusammenhang stehende Richtung leicht vorantreibt (»Überrasche mich!«), der Doppelpunkt uns dagegen entlang der bereits angedeuteten Zeile schubst. Herrje, wie kann der Einsatz solch nützlicher Zeichen optional sein? Und außerdem: Wenn diese Zeichen kleinbürgerlich sind, bin ich eine Serviette. Nur den einen Grund für die Ablehnung von Doppelpunkt und Semikolon bin ich bereit zu akzeptieren: Sie machen süchtig. Viele Autoren, die am Semikolon hängen, werden für ihre Familien und Freunde zur Last. Ihre Literaturagenten erinnern sie daran: »George Orwell kam ohne aus. Und sieh dir Marcel Proust an: Mach weiter so, und der nächste Schritt führt in ein Zimmer mit gepolsterten Wänden!« Doch diese Autoren schaukeln in ihren Sesseln vor und zurück, tippen sanft auf die Semikolontaste ihres Keyboards und stöhnen leise. In ihrer Autobiografie *Giving up the Ghost* enthüllt Hilary Mantel: »Ich bin schon immer nach dem einen oder anderen süchtig gewesen, meist nach etwas, für das es keine Selbsthilfegruppe gibt. So kann ich zum Beispiel höchstens zweihundert Worte lang auf ein Semikolon verzichten.«

Wie sollte man dann den Doppelpunkt gebrauchen? H. W. Fowler sagte, dass der Doppelpunkt »die Ware liefert, die in den vorangegangenen Worten in Rechnung gestellt wurde«. Das ist erst mal kein schlechtes Bild. Doch den ultimativen Text zu Doppelpunkt und Semikolon liefert der Brief, den Bernhard Shaw 1924 an T. E. Lawrence schrieb. Darin rügt er ihn wegen des übermäßigen Gebrauchs des Doppelpunktes im Manuskript von *Seven Pillars of Wisdom – Die sieben Säulen der Weisheit*. Dieses einzigartige Sendschreiben beginnt mit einem gebieterischen

> »My dear Luruns [sic!], Confound you and your book: you are no more to be trusted with a pen than a child with a torpedo.«
> *»Verflucht seien Sie und Ihr Buch: Man kann Ihnen mit der Feder in der Hand ebenso wenig trauen wie einem Kind mit einem Torpedo.«*

Danach wird er noch angriffslustiger und toller. Shaw erklärt, dass er sein eigenes, von ihm selbst ausgearbeitetes System zum Setzen von Doppelpunkt und Semikolon mit der Bibel verglichen hätte und festgestellt habe, dass die Bibel es fast richtig mache. Deshalb beleidigten ihn Lawrences Kavaliersdelikte bei der Zeichensetzung.

»I save up the colon jealously for effects that no other Stopp produces. As you have no rules, and sometimes throw colons about with an unhinged mind, here are some rules for you.«

»Ich hebe mir die Doppelpunkte sorgsam für Effekte auf, die kein anderes Zeichen erzeugen kann. Da Sie keine Regeln haben und manchmal mit Doppelpunkten um sich werfen, als hätten Sie den Verstand verloren, hier einige Regeln für Sie.«

Shaw ist berühmt für seine idiosynkratische Zeichensetzung. Für ihn waren vor allem Semikolons Mittel, seine Texte bühnenreif zu machen. Als 1931 Ralph Richardson versuchte, als Hauptmann Bluntschli in *Helden* in die Eröffnungszeilen einige dramatische Atemzüge einzubauen, hieß ihn Shaw, sofort aufzuhören, wies ihn an, den ganzen Naturalismus zu vergessen und sich stattdessen strikt an die Zeichensetzung zu halten. »Das ist ja alles schön und gut«, sagte Shaw laut Richardson, »und es mag für Tschechow ausreichend sein, aber für mich ist es nicht ausreichend. Ihr Luftholen bringt meine Punkte und Semikolons durcheinander, Sie müssen sich an diese halten.« Richardson sagte, dass Shaw Recht hatte: Verpasse eine der Pausen bei Shaw und »die Melodie kommt nicht heraus«. Betrachtet man einen von Shaws Texten, findet man Doppelpunkte und Semikolons im Überfluss, mit bewusst gesetzten Leerzeichen, also Zwischenräumen, um auch auf sie die Aufmerksamkeit zu lenken, wie in einer Notenschrift:

Captain Bluntschli. I am very glad to see you ; but you must leave this house at once. My husband has just returned with my future son-in-law ; and they know nothing. If they did, the consequences would be terrible. You are a foreigner : you do not feel our national animosities as we do. *(Arms and the Man*, 2. Akt)

Heute wäre es verrückt, George Bernard Shaws Gebrauch des Semikolons zu übernehmen. In der deutschen Übersetzung des Textes von Wolfgang Hildesheimer geht diese markante Interpunktion im Buch verloren. Möglicherweise genügt im Deutschen eine andere Art der Zeichensetzung. Sehen Sie selbst, an welchen Stellen Sie Luft holen würden:

> Hauptmann Bluntschli, ich freue mich *sehr*, sie wiederzusehen. Aber sie müssen mein Haus sofort verlassen ... Mein Mann ist soeben zurückgekehrt, mit ihm mein zukünftiger Schwiegersohn, keiner von ihnen weiß etwas. Wenn sie etwas wüssten, würde etwas Schreckliches geschehen. Sie sind Ausländer. Sie kennen unsere nationalen Gefühle nicht. (George Bernhard Shaw: *Helden*)

In dem Brief an Lawrence steht Shaws Meinung über den Gebrauch des Doppelpunktes allerdings fest. Wenn zwei Aussagen nüchtern als dramatische Beifügungen gesetzt sind, sagte er, verwendet man den Doppelpunkt. Daher: »Luruns could not speak: he was drunk.« So erklärte Shaw: Wenn die zweite Aussage die erste bestätigt, vertieft oder illustriert, verwendet man den Doppelpunkt, ebenso wenn man einen Überraschungseffekt wünscht: »Luruns was congenitally literary: That is, a liar.«

> Sie werden sehen [schrieb Shaw], dass Ihre Doppelpunkte vor allen »buts« und Ähnlichem nach meinem Schema den gegenteiligen Effekt haben und Sie hängen lassen, ohne dass Ihnen für die oben erwähnten dramatischen Momente eine Reserve bleibt. Sie verwenden praktisch überhaupt keine Semikolons. Das ist ein Symptom geistiger Schwäche, möglicherweise hervorgerufen durch das Armeeleben.

Damit wird die besondere Stärke des Doppelpunktes allmählich deutlich. Einem Doppelpunkt geht nahezu immer ein kompletter Satz voraus. In seinem einfachsten Gebrauch kündet er ziemlich theatralisch an, dass noch etwas kommt. Wie ein gut ausgebildeter Zauberlehrling lässt er uns kurz innehalten, um ein wenig Besorgnis entstehen zu lassen, zieht dann mit großer Geste das Tuch fort und enthüllt die Überraschung.

In jedem der folgenden Beispiele kann man das erfreute, befriedigte »Yes!« beziehungsweise »Ja!« hören, wo der Doppelpunkt folgt:

> This much is clear, Watson: it was the baying of an enormous hound.
> *This much is clear, Watson – YES! it was the baying of an enormous hound.*

> Tom has only one rule in life: never eat anything bigger than your head.
> *Tom has only one rule in life – YES! never eat anything bigger than your head.*

> I pulled out all the stops with Kerry-Anne: I used a semicolon.
> *I pulled out all the stops with Kerry-Anne – YES! I used a semicolon.*

Doch der »ankündigende« Doppelpunkt ist nur eine Variante, denn es gibt auch den »Aha-Typ«, wenn nämlich der Doppelpunkt uns daran erinnert, dass möglicherweise mehr hinter der ersten Aussage steckt, als uns aufgefallen ist:

> You can do it: and you will do it.
> *You can do it – »ah«, and you will do it.*

> Oft steht der Doppelpunkt zwischen zwei Antithesen oder entgegengesetzten Aussagen:

> Man proposes: God disposes.

> Wie Shaw es so gut formulierte, der Doppelpunkt kann den Leser auf eine Überraschung vorbereiten:

> I find fault with only three things in this story of yours, Jenkins: the beginning, the middle and the end.
> *Nur drei Dinge Ihrer Geschichte finde ich nicht richtig, Jenkins: den Anfang, den Mittelteil und das Ende.*

> Doppelpunkte leiten den Satzteil ein, der den vorangegangenen Teil des Satzes durch Beispiele erläutert, nochmals betont, ausarbeitet, untermauert, erklärt oder relativiert.

> Doppelpunkte stehen vor Aufzählungen, besonders wenn darin Semikolons verwendet werden.

In later life, Kerry-Anne found there were three qualities she disliked in other people: Britishness; superior airs; and a feigned lack of interest in her dusting of freckles.
Später im Leben entdeckte Kerry-Anne, dass sie an anderen Menschen drei Eigenschaften nicht mochte: britisches Gehabe, Überheblichkeit und vorgetäuschtes Interesse für ihre Sommersprossen.

> Sie stehen vor Buch- und Filmtiteln:

Lynne Truss: *Eats, Shoots & Leaves*
Bastian Sick: *Der Dativ ist dem Genetiv sein Tod*

> Sie stehen vor Dialogen und wörtlicher Rede:

PHILIP: Kerry-Anne! Hold still! You've got some gunk on your face!
KERRY-ANNE: They're *freckles*, Philip. How many more times?
PHILIP: Kerry-Anne! Halt mal still! Du hast da etwas im Gesicht!
KERRY-ANNE: Das sind Sommersprossen, Philip. Wie oft denn noch?

> Doppelpunkte kündigen Originalzitate an und natürlich Beispiele in einem Buch über Zeichensetzung:

Wie nützlich die kleinen Kerle doch sind. Aber tun Sie mir bitte einen Gefallen: Hören Sie auf, bis drei zu zählen!

Wann benutzt man nun ein Semikolon? Wie schon im Komma-Kapitel erklärt, ist der Lieblingsplatz für ein Semikolon (wenn man nicht John Updike heißt)

> zwischen zwei miteinander verbundenen Sätzen, in denen es keine Konjunktion wie »*and*« oder »*but*« gibt, und

> dort, wo ein Komma grammatikalisch fehl am Platze wäre:

It was the baying of an enormous hound; it came from over there!
Es war das Bellen eines riesigen Hundes; es kam von da drüben!

I remember him when he couldn't write his own name on a gate; now he's Prime Minister.
Ich erinnere mich noch daran, als er noch nicht mal seinen Namen schreiben konnte; heute ist er Premierminister.

Was Semikolon-Liebhaber gar nicht mögen, ist die Neigung zeitgenössischer Autoren, statt des Semikolons einen Gedankenstrich zu verwenden und dadurch den Weltuntergang zu beschleunigen. Ist das nötig? In jedem der genannten Beispiele kann ganz bestimmt ein Gedankenstrich statt des Semikolons gesetzt werden, ohne dem Satz viel Schaden zuzufügen. Der Gedankenstrich ist weniger förmlich als das Semikolon, was ihn für Autoren attraktiver macht. Er betont den lockeren Stil und ist durchaus für subtile Effekte geeignet. Die meisten Leute verwenden aber den Gedankenstrich hauptsächlich deshalb, weil man *mit ihm nichts falsch machen kann* – eine ungewöhnliche Tugend für ein Satzzeichen.

Während das Semikolon eine Verbindung zwischen zwei Satzhälften herstellt, sollte der Gedankenstrich bei Gelegenheiten verwendet werden, bei denen der zu verbindende Satz weniger direkt ist und als Brücke zwischen Sinnfragmenten dienen kann:

Vielleicht war all das nötig – zehn durchwachte Nächte in schlechten Motels, gefolgt von einem Abend emotionalen Achterbahnfahrens und schließlich das Nichts-wie-raus-und-schieß-dir-eine-

Kugel-durch-den-Mund-Geschniefe-und-Gewimmere einer Frau, die sich um zwei Uhr morgens in den verdammten Schlaf zu weinen versucht. (Jonathan Franzen: *Die Korrekturen*)

Deshalb müssen wir den Gedankenstrich im Auge behalten – ebenso wie die Auslassungspunkte (...) die immer öfter in E-Mails auftauchen, als Hinweis darauf, dass »da wirklich noch mehr kommt ... es könnte mit dem eben Geschriebenen zusammenhängen ... doch die Hauptsache ist, ich bin noch nicht fertig ... wart's ab ... ich könnte stundenlang so weitermachen ...« Solange es auf dieser Welt Sätze gibt, die mit Großbuchstaben anfangen und mit Punkten enden, wird es einen Platz für das Semikolon geben. Klar, dass dessen Verwendung niemals obligatorisch ist, denn der Punkt sollte immer die Alternative zum Semikolon bleiben. Doch das macht es nur noch schöner.

Popotakis hatte es der Reihe nach mit einem Kino, einem Tanzsaal, einem Bakkarat-Salon und einem Miniatur-Golf versucht; jetzt hatte er vier Pingpongtische. Er hatte sehr gut verdient, denn die jeunesse dorée von Jacksonburg hatte es während der Regenzeit immer schwer, sich die Zeit zu vertreiben; auch für die Geschäftsleute aus aller Welt war es ein Treffpunkt geworden, und selbst Attachés von der Gesandtschaft und jüngere Mitglieder der Familie Jackson waren gekommen. (Evelyn Waugh: *Der Knüller*)

Das Semikolon wurde mit Recht das »Kompliment des Autors an den Leser« genannt. Und es ist ein mächtiges Kompliment. Der Sub-Text des Semikolons heißt: »Hallo, hier kommt ein Hinweis! Die Elemente dieses Satzes, auch wenn sie sich grammatikalisch voneinander unterscheiden, sind eigentlich Elemente einer Aussage. Ich kann es für dich klarer machen – aber, hey ... du bist doch der Leser! Ich muss dir doch keine Zeichnung machen!«

Ebenso ist das übermäßige Vertrauen darauf, dass Semikolons den auf einer Seite zusammengewürfelten, halb geformten Ideen einen Hauch von Autorität verleihen, ein weit größeres Kompliment, als manche von uns verdienen. In seinem Essay »The Philosophy of Punctuation« sagt der amerikanische Schriftsteller Paul Robinson, dass im akademischen Schriftgebrauch »anmaßende und überaktive« Semikolons zu einer Epidemie geworden sind, weil sie dazu verwendet werden, von ungenau formulierten Gedanken abzulenken. »Sie stellen zwei Sätze irgendwie in Beziehung zueinander und *befreien damit den Autor davon, genau zu sagen, welcher Art die Beziehung ist.*« Das Kursive stammt übrigens von mir – aber es hört sich ganz so an, als sei Robinson ein bisschen genervt. »Das Semikolon ist mir so verhasst geworden«, sagt er ganz ernsthaft, »dass ich mir fast moralisch korrupt vorkomme, wenn ich eines verwende.«

Es gibt Fälle, da ist das Semikolon als eine Art Polizist unersetzlich, nämlich dann, wenn sich die Kommas streiten. Und das ist das eine, was Sie aus diesem Buch lernen können: In der Welt der Satzzeichen gibt es nicht einen Augenblick Langeweile. In einem Moment verbindet das Semikolon gnädig, anmutig zwei Sätze (und verärgert damit Mr. Robinson), und im nächsten Augenblick ruft es eine Clique randalierender Kommas zur Ordnung.

> Fares were offered to Corfu, the Greek island, Morocco, Elba, in the Mediterranean, and Paris. Margaret thought about it. She had been to Elba once and had found it dull, to Morocco, and found it too colourful.

Hier gibt es keine andere Möglichkeit für ein aufrechtes Semikolon, als Halt zu rufen, um die Ordnung wieder herzustellen:

> Fares were offered to Corfu, the Greek island; Morocco; Elba, in the Mediterranean; and Paris. Margaret thought about it. She had been to Elba once and had found it dull; to Morocco, and found it too colourful.
>
> *Überfahrten wurden angeboten nach Korfu, die griechische Insel; Marokko; Elba im Mittelmeer; Paris. Margaret dachte darüber nach. Sie war einmal in Elba gewesen und hatte es langweilig gefunden; in Marokko, da fand sie es zu farbenfroh.*

So ist es viel klarer. Es gibt allerdings zwei Gefahrenmomente: Während des Schreibens vergisst man plötzlich, dass man das klärende Semikolon verwendet hatte, um die Kommas in Schach zu halten, und fällt ins Komma, ha-ha. Die andere Gefahr ist, dass charakterlose Autoren ermuntert werden, die Regel zu missachten, wonach nur zwei *vollständige* Sätze durch ein Semikolon verbunden werden dürfen. Ich gestehe freiwillig: Manchmal mache ich das auch; schreibe nicht vollständige Sätze; wie Virginia Woolf; doch es fühlt sich gut an, das so zu machen; ziemlich bedenklich, was?

Lassen Sie uns rasch zur letzten Form des richtigen Semikolongebrauchs kommen. Verbindungsworte wie »however«, »nevertheless«, »also«, »consequently« and »hence« verlangen nach einem Semikolon - was mir ziemlich klar erscheint. Denn ganz offensichtlich holt man *vor* diesen Worten Luft. Probieren Sie es mal aus, und lesen Sie folgenden Satz zweimal:

»He woke up in his own bed, and he felt fine.«

Jetzt diesen Satz, auch zweimal:

»He woke up in his own bed; nevertheless, he was OK.«

Soll ich Ihnen sagen, was gerade passiert ist? Sie haben den ersten Satz zweimal gelesen, ohne vor dem Punkt Luft zu holen.

Sie haben den zweiten Satz zweimal gelesen und beide Male bei »bed« Luft geholt.

Die Pause zum Luftholen vor »nevertheless« ist genau doppelt so lang wie das Intervall vor dem »and« im ersten Satz.

Das Luftholen geschieht beim Sprechen und Vorlesen automatisch. Sie tun es unbewusst, weil Sie irgendwann einmal gelernt haben, richtig zu betonen, Pausen zu machen und sich dabei auch an Satzzeichen zu orientieren. Hört man das Gestammel mancher Schüler beim Lesen, dann merkt man schon an der Betonung, dass sie den Sinn des Satzes gar nicht erfasst haben können.

Selbstverständlich interessieren sich Schriftsteller für Zeichensetzung. »Ich hätte weniger Semikolons verwenden sollen«, könnte ein letzter Seufzer auf dem Sterbebett sein. Man sollte bei der Zeichensetzung immer bedenken, dass sie nur wenige Zeichen hat. Schriftsteller müssen mit dieser geringen Zahl von Zeichen eine große Wirkung erzielen. Deshalb sind sie so eifersüchtig auf ihren individuellen Stil bedacht. Und das erklärt auch, warum sie so verzweifelt reagieren, wenn ihre Zeichensetzung von Lektoren der Haus-Orthografie eines Verlages angepasst wird. Man schreibt das Wort »apple tree« und entdeckt dann, dass der Verlag »appletree« bevorzugt. Frustrierend, nicht wahr? Als Salman Rushdies Geschichte »Free Radio« (in: *Ost, West*) erstmals von »Atlantik Monthly« publiziert wurde, setzte das Lektorat des Magazins die gesamte Zeichensetzung der bewusst wortreichen Erzählung neu, ohne Rushdie zu fragen, weil man annahm, dass er Zeichensetzung gern andern überlässt wie etwa das Staubsaugen. Nicholson Baker beschrieb in einem Essay über die Geschichte der Zeichensetzung in seinem Buch *U & I Wie groß sind die Gedanken?* ein emotionales Gefecht mit seiner Lektorin darüber, ob das Wort »pantyhose« in »panty hose« geändert werden sollte. Zufällig ist Baker ein Verfechter von Zeichensetzungshybriden, zum Beispiel Komma zusammen mit Bindestrich (,-), Semikolon mit Bindestrich (;-) und Doppelpunkt mit Bindestrich (:-); und in seinem Buch *Zimmertemperatur* denkt er so poetisch über die Gestalt des Kommas nach (»Es rief die Pedale eines großen Konzertflügels in Erinnerung, Moskitolarven, Paisley-Muster, Nasenöffnungen von Erwachsenen, den trudelnden Verfall von Elementarteilchen, den Bug von Gondeln, ...«) dass – nun, sowas haben Sie bestimmt noch nicht gehört.

Überzeugen Sie sich selbst davon, wie sich der Sinn eines Satzes durch Zeichensetzung verändert:

Tom locked himself in the shed. England lost to Argentina.

Diese beiden Aussagen klingen ganz unzusammenhängend. Sie sagen, dass in der Vergangenheit zwei Dinge geschehen sind.

Tom locked himself in the shed; England lost to Argentina.

Das Semikolon lässt vermuten, dass diese Ereignisse zur gleichen Zeit stattfanden, obwohl es auch möglich wäre, dass Tom sich im Schuppen einschloss, weil er es nicht ertragen konnte, dem Spiel zuzusehen, und er immer noch nicht weiß, wie es ausgegangen ist. Mit einem Semikolon an der richtigen Stelle hört es sich so an, als handele es sich um zwei Dinge, die einem wirklich auf die Nerven gehen können, etwa so: »It was a terrible day, Mum: Tom locked himself in the shed; England lost to Argentina; the rabbit electrocuted itself by biting into the power cable.«

Tom locked himself in the shed: England lost to Argentina.

Jetzt ist alles klar. Tom hat sich im Schuppen eingeschlossen, *weil* England gegen Argentinien verloren hat. Und wer könnte es ihm verdenken?
Es ist traurig, sich vorzustellen, dass die Menschen heute nicht mehr lernen, wie Doppelpunkt oder Semikolon richtig verwendet werden, und das nicht nur, weil der kleine Finger an der rechten Hand auf der Computer-Tastatur keine Arbeit mehr hat, so dass er schließlich verkümmern und abfallen wird. Der Hauptgrund ist, wie Joseph Robertson 1785 in einem Aufsatz über Zeichensetzung schrieb: »Die Kunst der Zeichensetzung ist beim Schreiben von unendlicher Konsequenz; sie trägt zur Verständlichkeit und, in der Folge, zur Schönheit jeder Komposition bei.« Verständlichkeit und Schönheit der Komposition, darüber sollte man in dieser verkommenen Welt nicht die Nase rümpfen. Wenn Doppelpunkte und Semikolons sich selbst Stil und Allüren verleihen, so übertragen sie diese auch auf die Sprache, die ohne sie verloren wäre.

ⓓ Und wie ist es im Deutschen?

Das Semikolon, der »Strichpunkt«, ist ein Zwitter: schwächer als der Punkt und stärker als das Komma. Nur ein einziges Paragrafchen befasst sich in den amtlichen Rechtschreibregeln mit dem Semikolon und lässt uns somit mehr Freiheit, als die vielen starren Kommaregeln.

> Mit dem Semikolon werden gleichrangige Satzteile und Wortgruppen getrennt; auch bei Aufzählungen werden gleichrangige Wortgruppen durch das Semikolon getrennt.

Man könnte statt des Semikolons einen Punkt setzen und hätte zwei Hauptsätze, oder stellvertretend für ein »und« könnte ein Komma gesetzt werden.

Als Schriftsteller hat mich beschäftigt die Genesis der Feindbilder: wie ein Ressentiment, Projektion der eigenen Widersprüche auf einen Sündenbock, ein Gemeinwesen erfasst und irreführt; die Epidemie der blinden Unterstellung, der Andersdenkende könne es redlich nicht meinen; wie aus Angst vor Selbsterkenntnis (sie fällt uns allen so schwer) der kollektive Hass entsteht, der ein Feindbild braucht, dieses oder jenes; die Verfemung einer Minorität mit dem paradoxen Ergebnis, dass die Majorität sich dabei selbst entmündigt: – Indem schließlich jedermann, der an solcher Verfemung nicht teilnimmt, weil sein Gewissen es ihm verbietet, sich selbst der Verfemung aussetzt, wird die Majorität gewissenlos und feige, das heißt aber: regierbar als eine Majorität von Untertanen. (Aus Max Frisch: *Wir hoffen*; Rede zur Verleihung des Friedenspreises des deutschen Buchhandels 1976)

Hier sind zusammengehörende Bedeutungsgruppen durch Semikolons voneinander getrennt.

Ringsum bewegt sich, immer neu, das Spiel der römischen Abende: die Wendungen der Profile; das Tanzen der Gesten; Rufe, Gesprächsstücke; Ausblicke auf die Stadt vor irisierenden Lichtern, in der sich das Einzelne, das Jetztundniemehrso millionenfach verbirgt. (Walter Höllerer, Vorwort zu *Transit*)

Hier sind gleichrangige Wortgruppen in einer Aufzählung durch ein Semikolon abgetrennt.

Gab es nicht genug Menschen, die auf der Flucht waren? Abenteurer, um die Sonne unter neuen Breitengraden zu schmecken; überdrüssige, die der Heimat entflohen, weil der Geruch von Straßen und Stuben ihnen fad geworden war; Verbrecher, die sich für ein neues Leben bereit glaubten. (Hans Henny Jahnn: *Das Holzschiff*)

Wie beim Semikolon gibt es in den amtlichen Rechtschreibregelungen nur einen Paragrafen zur Verwendung des Doppelpunktes.

> Ein Doppelpunkt kündigt an, er kennzeichnet den Übergang: Achtung, da kommt noch etwas, sagt er uns, eine Erklärung, eine Ergänzung, etwas Weiterführendes zum vorher Gesagten.

Mein Lieber, ich muss Sie noch einmal belehren: Wieder einmal überschätzen Sie mich und meinen Einfluss. (Marcel Reich-Ranicki [wer sonst?] zu Günter Grass in der FAZ)

Ich fand: nur mich – soviel wie Luft. Kein andrer merkte es, doch ich wusste klar: Die volle Summe würde eingefordert heute, und was ich in der Tasche hatte, reichte nicht. (Gerlind Reinshagen: *Isas Geschichte*)

Es ist schlimm für den Schriftsteller, von der Gesellschaft nicht verstanden zu werden, aber die Isolation, in die er dadurch gerät, ist noch erträglich; viel, viel schlimmer jedoch ist es für ihn, wenn er die Gesellschaft, und das heißt doch: die Menschheit nicht versteht. (Martin Walser: *Der Schriftsteller und die Gesellschaft*)

> Der Doppelpunkt steht vor einer wörtlichen Rede, vor Aufzählungen, oder er leitet eine Zusammenfassung ein.

Meist sagt es ein alter Schulkamerad des Mannes, der sich soeben verliebt oder gar verheiratet hat: »Ich weiß nicht, was er an dieser Frau findet, sie ist weder intelligent noch besonders hübsch, und über ihren Charakter wollen wir schon gar nicht reden – man kann's nicht ändern: *Liebe macht blind!*« (Dolf Sternberger: *Blick der Liebenden*)

> Der Satz vor dem Doppelpunkt ist auf das Wort »Ergebnis:« verkürzt, er dramatisiert geradezu. Das gilt auch für: »Überhaupt:«, »Immerhin:«, »Folglich:«, »Mit anderen Worten:«, »Zugegeben:«.

Ergebnis: Die Firma trauerte, es werde schwer sein, mich zu ersetzen. (Werner Koch: *Jenseits des Sees*)

> Der Doppelpunkt steht bei besonderen Aufzählungen, Ankündigungen, in Überschriften und Bildunterschriften:

Vonnöten: Rasche Hilfe (Kapitelüberschrift aus: Marion Gräfin Dönhoff: *Polen und Deutsche – Die schwierige Versöhnung*)

Gleich vorausgeschickt: Meine Bücher erscheinen bei Suhrkamp. (Thomas Meinecke in der FAZ)

> Bei Zusammenfassungen und Schlussfolgerungen wird häufig ein Doppelpunkt gesetzt:

Arbeitslosenzahl, Rechtsradikalismus, Visa-Geschäfte: Die Regierung steht unter Druck. (Zeitungsschlagzeile)

> Ebenso kann er die indirekte Rede kennzeichnen:
Durch Deutschland muss ein Ruck gehen: Mit diesen Worten eröffnete der Bundespräsident die Messe. (Zeitungszitat)

[, ; : ? ! (-) ! ? : ; ,]

AUFMERKSAMKEIT ERREGENDE ZEICHENSETZUNG

Im Jahre 1885 schrieb Anton Tschechow eine Weihnachtsgeschichte mit dem Titel »Das Ausrufezeichen«. In dieser Parodie auf Dickens' *Eine Weihnachtsgeschichte* hat der Sekretär Jefim Perekladin eine schlaflose Nacht. Auf einer Feier beleidigte ihn jemand und warf ihm vor, die Zeichensetzung nicht zu beherrschen. Der erschütterte Perekladin beharrt darauf, dass, trotz fehlenden Studiums, vierzig Jahre Praxis ihn gelehrt hätten, die Zeichensetzung korrekt anzuwenden. Doch in dieser Nacht wird er, wie Scrooge in *Eine Weihnachtsgeschichte*, von Geistern heimgesucht, die ihm eine Lektion erteilen, die er nicht mehr vergessen wird.

Und wer sind die Besucher? Satzzeichen. Ja, diese Geschichte handelt von Zeichensetzung. Zuerst kommen wütende Kommas angeflogen, die Perekladin verscheucht, indem er ihnen die Kommaregeln entgegenschleudert. Dann kommen Punkte, Doppelpunkte, Semikolons, Fragezeichen. Wieder behält er die Nerven und kann sie wegjagen. Doch dann kommt ein Ausrufezeichen! Perekladin hat nicht den leisesten Schimmer, wofür man es verwendet. Während seiner 40 Arbeitsjahre hatte er nie einen Grund, ein Ausrufezeichen zu verwenden! Für den Leser wird klar, dass Perekladin niemals etwas erlebt hat, das »Entzücken, Empörung, Freude, Wut und anderen Gefühle« ausgelöst hätte. Perekladin ist verwirrt.

Dem armen Beamten dagegen ward es kalt und ungemütlich, als wäre er an Typhus erkrankt. Und schon stand das Ausrufezeichen nicht mehr vor seinen geschlossenen Augen, sondern es stand vor ihm im Zimmer, stand neben dem Toilettentisch seiner Frau und zwinkerte ihm spöttisch zu.

Was kann der arme Perekladin tun? Als er am Weihnachtstag eine Droschke anhält, bemerkt er sofort, dass der Kutscher ein Ausrufezeichen ist. Der Diener im Haus seines Vorgesetzten ebenfalls. Die Dinge geraten außer Kontrolle, es wird Zeit, sich zu widersetzen. Als er sich ins Gästebuch des Hauses einträgt, weiß er plötzlich, was er tun muss. Wütend schreibt er seinen Namen »Sekretär Jefim Perekladin« und fügt drei Ausrufezeichen hinzu »!!!«.

Und während er diese drei Interpunktionszeichen setzte, jubelte er, wurde er unwillig, freute er sich und kochte vor Zorn.
»Da hast du's! Da hast du's!«, brummte er und drückte die Feder kräftig aufs Papier.

Und die Phantom-Ausrufezeichen verschwinden.

In diesem Kapitel geht es um ausdrucksstarke, Aufmerksamkeit erregende Zeichensetzung – um Zeichensetzung, die für Aufsehen sorgt und dafür, dass etwas mit Nachdruck gesagt werden kann – durch Satzzeichen wie Ausrufezeichen, Gedankenstrich und mit Kursivschrift. Natürlich kann die Wirkung solcher Zeichen überbewertet werden, oder man kann sie verdammen, wie Gertrude Stein es tat. Trotzdem sollten wir das Beispiel von Perekladin im Kopf behalten, den ein Ausrufezeichen erlöste. Auch den französischen Schriftsteller Victor Hugo, der Berichten zufolge seinem Verleger ein »?« telegrafierte, als er wissen wollte, wie sich *Les Misérables* verkauft, und darauf die einfache, doch ausdrucksstarke Antwort erhielt: »!«.

Alle kennen das Ausrufezeichen (exclamation mark oder exclamation point, wie es in den USA genannt wird). Es steht am Ende eines Satzes, ist unübersehbar und hoffnungslos plump. In Zeitungsredaktionen ist es als »Brüller«, »Erschrecker« oder, Verzeihung, »Hundepimmel« bekannt. Bei Satiren gilt das Ausrufezeichen als ein Lachen aus dem Tonarchiv, und nur eines ist noch demütigender, als ein Ausrufezeichen vom Lektor gestrichen zu bekommen. Und das ist: ein Ausrufezeichen hinzugefügt zu bekommen.

Von Buchdruckern im 15. Jahrhundert eingeführt, war es bis zur Mitte des 17. Jahrhunderts bekannt als »Zeichen der Verehrung«. In einem 1680 erschienenen Buch mit dem langen Titel: *Treatise of Stops, Points, or Pauses, and of Notes which are used in Writing and Print; Both very necessary to be well known And the Use of each to be carefully taught* (*Abhandlung über Satzzeichen, Punkte oder Pausen und über Notationen, die beim Schreiben und beim Druck verwendet werden; beides muss unbedingt gekannt und der Gebrauch sorgfältig gelehrt werden.*) wurde das Ausrufezeichen in folgendem Reim beschrieben:

> This stop denotes our Suddain Admiration,
> Of what we Read, or Write, or give Relation,
> And is always cal'd an Exclamation.

Seit es existiert, haben Grammatiker vor seinem Gebrauch gewarnt, hauptsächlich weil es so schreiend ist, so neongrell, so hyperaktiv, selbst wenn es in Klammern (!) steht. Innerhalb der Satzzeichenfamilie, in der der Punkt der Papa ist, das Komma die Mama und das Semikolon seelenruhig mit gekreuzten Händen Klavierspielen übt, ist das Ausrufezeichen der große Bruder mit Aufmerksamkeitsdefizitsyndrom, immer übererregt, der Sachen zerbricht und zu laut lacht.

Das Ausrufezeichen wird im Allgemeinen verwendet:

> bei unfreiwilligen Ausrufen:

　»Phew! Lord love a duck!«
　»Jessas! Herrgott noch mal!«

> bei Begrüßungen oder beim Flehen: »O mistress mine! Where are you roaming?»

　»Oh Herrin! Wohin des Weges?«

> beim Ausrufen oder Bewundern:

　»How many goodly creatures are there here!«
　»Wie viele ansehnliche Kreaturen es hier gibt!«

> um zu dramatisieren:

　»That's not the Northern Lights, that's Manderley!«
　»Das ist nicht das Nordlicht, das ist Manderley!«

> um einem alltäglichen Satz etwas mehr Gewicht zu verleihen:

　I could really do without it!«
　»Ich könnte wirklich darauf verzichten!«

> um Missverständnissen vorzubeugen, wenn etwas ironisch gemeint ist:

　»I didn't mean it!«
　»Das war nicht so gemeint!«

Ich verwende das Ausrufezeichen bei jeder E-Mail-Begrüßung, denn ein schlichtes »Dear Jane« klingt mir zu formal. »Jane!« schreibe ich, obwohl ich fürchte, dass das nicht jeder gut findet. Die Regel könnte lauten: Man verwendet ein Ausrufezeichen nur, wenn man absolut sicher ist, dass so eine starke Betonung angebracht ist. H.W. Fowler sagte: »Der übermäßige Gebrauch von Ausrufezeichen deutet darauf hin, dass der Schreiber ungeübt ist oder etwas Banalem einen falschen Spritzer Sensation hinzufügen will.« Andererseits tut es manchmal weh, das Ausrufezeichen zu unterdrücken, weil es doch niemandem Schaden zufügt und selbst so versessen auf seinen Auftritt ist.

Das Fragezeichen in seiner eleganten Seepferdchenform beansprucht auf dem Papier mindestens doppelt so viel Platz wie das Ausrufezeichen, aber es regt die Menschen weit weniger auf. Was würden wir ohne das Fragezeichen machen? Es ist wie das Ausrufezeichen eine Weiterentwicklung des Punktes, ein »Terminator«, es steht ausschließlich am Satzende. Entstanden ist es als »punctus interrogativus« in der zweiten Hälfte des 8. Jahrhunderts, als es von selbstbewusster Hand gesetzt, einem von rechts nach links geführten Blitzstrahl ähnelte. Der Name »question mark« wurde in Britannien erst in der zweiten Hälfte des 19. Jahrhunderts üblich. In den USA ist es immer noch der »question point«. Journalisten nennen es manchmal auch »querry«, wenn sie etwas diktieren, und in der folgenden Passage aus P.G. Wodehouses *Over Seventy* wird es altmodisch als »mark of interrogation« bezeichnet:

> How anybody can compose a story by word of mouth face to face with a bored-looking secretary with a notebook is more than I can imagine. Yet many authors think nothing of saying, »Ready, Miss Spelvin? Take dictation. Quote No comma Sir Jasper Murgatroyd comma close quotes comma said no better make it hissed Evangeline comma quote I would not marry you if you were the last man on earth period close quotes Quote Well comma, I'm not comma so the point does not arise comma, close quotes replied Sir Jasper twirling his moustache cynically period And so the long day wore on period. End of chapter.«

If I had to do this sort of thing I should be feeling all the time that the girl was saying to herself as she took it down, »Well comma this beats me period How comma with homes for the feebleminded touting for custom on every side comma has a man like this succeeded in remaining at large question mark of interrogation.«

Wie überhaupt jemand per Diktat eine Geschichte entwerfen kann, Angesicht zu Angesicht mit einer gelangweilt aussehenden Sekretärin vor einem Diktatblock, ist mir unvorstellbar. Doch viele Autoren denken sich nichts dabei zu sagen: »Fertig, Miss Spelvin? Nehmen Sie das Diktat auf: Anführungszeichen Kein Komma Sir Jasper Murgatroyd Komma Anführungszeichen Ende Komma sagte - nein schreiben Sie besser - zischte Evangeline Komma Anführungszeichen ich würde Sie nicht heiraten Komma auch wenn Sie der letzte Mann auf Erden wären Punkt Anführungszeichen Ende Anführungszeichen Nun Komma bin ich nicht Komma weshalb das Thema auch nicht aufkommt Komma Anführungszeichen Ende erwiderte Sir Jasper und zwirbelte zynisch seinen Schnurrbart Punkt Und so ging ein langer Tag zu Ende Punkt. Ende des Kapitels.«

Wenn ich das so machen müsste, hätte ich die ganze Zeit das Gefühl, das Mädel würde während des Diktats zu sich selbst sagen: »Nun Komma da bin ich aber platt Punkt Wie Komma bei all den Dummbeuteln rundherum Komma die im Geschäft bleiben wollen Komma hat dieser Mann es überhaupt geschafft zu überleben Fragezeichen.«

> Fragezeichen werden bei direkter Fragestellung gebraucht:

    What is the capital of Belgium?
    Have you been there?
    Did you find the people very strange?

> Wird die Frage zwischen Anführungszeichen gestellt, steht das Fragezeichen am Ende der Frage *vor* dem Anführungszeichen:

    »Did you try the moules and chips?« he asked.

> Dagegen kommt eine indirekte Frage auch ohne Fragezeichen aus:

What was the point of all this sudden interest in Brussels, he wondered.

I asked if she had something in particular against the Belgian national character.

Immer öfter werden aber – vielleicht aus Unwissenheit? – auch bei indirekten Fragesätzen Fragezeichen hinzugefügt. Das ist deprimierend, doch nicht so ganz unverständlich, wenn man die berühmte, hochgezogene Betonung der Satzenden in den Teenage-Soaps der vergangenen Jahre berücksichtigt. Früher wurde am Ende eines Satzes gefragt:»you know?« und »know what I'm saying?« Heute gibt man sich, um Zeit zu sparen, mit den Worten nicht mehr ab und verwendet nur noch das Fragezeichen. Alles wird am Ende zur Frage? Ich spreche über Aussagesätze? Das geht einem ziemlich auf die Nerven? Immerhin wird so das Fragezeichen am Leben erhalten, und das kann doch nicht so schlimm sein?

Es war ursprünglich gar nicht so einfach zu entscheiden, in welcher Position das Fragezeichen gedruckt werden sollte. In seiner üblichen Form, mit dem Bogen nach rechts, sieht es aus, als wende es sein Ohr der vorhergehenden Frage zu, was ganz natürlich erscheint. Aber die Menschen haben schon immer herumgespielt. Im 16. Jh. hatte der Drucker Henry Denham die tolle Idee, das Zeichen umzudrehen, wenn es sich um eine indirekte Frage handelte, um es von der direkten Frage zu unterscheiden. Aber das setzte sich nicht durch. Man stelle sich Drucker vor, wie sie unsicher vor sich hinmurmeln: »Rhetorische Frage? Was ist eine rhetorische Frage? Ist *das* eine rhetorische Frage?« – und nicht in der Lage sind, dies zu beantworten. Die Spanische Akademie hatte 1754 die extravagante Idee, umgekehrte Fragezeichen und Ausrufezeichen an Satzanfängen zuzulassen:

¡Lord, love a duck!

¿Doesn't Spanish look different from everything else now we've done this?

Das ist gar kein so schlechtes System. Wie berichtet wird, hat Bill Gates der Spanischen Akademie persönlich versichert, dass das umgekehrte Fragezeichen niemals aus den Textverarbeitungsprogrammen von Microsoft verschwinden wird, was Millionen Spanisch sprechende Menschen beruhigt. Unterdessen wird das Fragezeichen im Hebräischen genauso gedruckt wie unseres, obwohl die Worte von rechts nach links laufen, das Fragezeichen also auch umgekehrt gedruckt werden müsste. Wie Professor Higgins in »My Fair Lady« sagte: »Arabien lernt arabisch, Englisch passt nicht in die Gegend; Hebräisch lernt man rückwärts, was besonders furchterregend.« Somit haben wir beim Lesen eines hebräischen Textes ein interessantes und seltsames Wahrnehmungsproblem: Da das Fragezeichen in gleicher Position wie unseres gedruckt ist, sieht es aus, als sei alles von hinten nach vorne geschrieben.

Es überrascht nicht, dass Gertrude Stein keine Freundin des Fragezeichens war. Sie meinte, dass das Fragezeichen das »vollständig ganz und gar uninteressanteste Zeichen« aller Satzzeichen sei:

> Es ist offensichtlich dass wenn man eine Frage stellt man eine Frage stellt aber jeder der überhaupt lesen kann, weiß wann eine Frage eine Frage ist[...] Daher konnte ich mich nie dazu bringen ein Fragezeichen zu benutzen, ich fand es immer ausgesprochen abstoßend, und jetzt benutzen es sehr wenige. (Zeichensetzung wie im Original)

Gertrude Stein schrieb diese Bemerkung 1935, und es ist interessant, dass sie damals schon glaubte, das Fragezeichen würde verschwinden. Alle, die noch gelernt haben, das Fragezeichen richtig zu verwenden, sind entsetzt, wenn eine direkte Frage ohne Fragezeichen am Ende erscheint, wie bei dem Film »Who Framed Roger Rabbit«. »Und?«, möchte ich sagen. »Fehlt da nicht etwas?« »Can you spare any old records« steht noch immer auf dem Schild im Schaufenster eines Caritasladens. Jedes Mal, wenn ich daran vorbei gehe, werde ich wahnsinnig. Inzwischen weist Kingsley Amis in *The King's English* darauf hin, dass viele Menschen zum Beispiel Sätze mit den Worten beginnen: »May I crave the hospitality of your columns«, und sich dann in einem so langen Satz verlieren, dass sie ganz vergessen, dass er einmal als Frage begann. So beenden sie den Satz mit einem Punkt.

Von allen Gepflogenheiten des Druckgewerbes ist die Verwendung der *Kursivschrift* die Gewohnheit, die am meisten verwirrt. Seit die Kursivschrift im 15. Jahrhundert eingeführt wurde, war es üblich, sie mit der lateinischen Schrift zu mischen, um bestimmte Wörter hervorzuheben. Keines der in diesem Kapitel besprochenen Satzzeichen hat etwas mit Grammatik zu tun, dafür aber mit der symbolischen Annotierung des Klangs der gesprochenen Sprache: Man stellt eine Frage »?« und erhält die Antwort »!«. Die Kursivschrift dient verschiedenen Zwecken, die wir immer wieder in Frage stellen. Wann bekamen Sie beim Lesen einer Passage in Kursivschrift zum letzten Mal einen Schreck? »Moment mal, das wird ja alles etwas schwammig!«

Kursiv ist das Äquivalent zur Unterstreichung und wird verwendet für:

> Buch-, Zeitungs- und Filmtitel und -überschriften wie bei *Who framed Roger Rabbit* (in diesem Buch wird Kursivschrift aber nur für Buchtitel verwendet),
> die Hervorhebung bestimmter Wörter,
> Fremdwörter und fremdsprachliche Redewendungen,
> Beispiele, wenn man über Sprache schreibt.

Ist der ganze Text kursiv gesetzt, verwendet man eine nicht kursive Schrift, um ein Schlüsselwort hervorzuheben. Einige britische Tageszeitungen wie »The Guardian« wählen für Überschriften keine Kursivschrift mehr, was, soweit ich es beurteilen kann, den Lesern das Leben ein bisschen schwerer macht, ohne einen Ausgleich zu schaffen. Wie das Ausrufezeichen sollte die Kursivschrift als Betonung sparsam eingesetzt werden – weil beide meist ein Hinweis auf eine stilistische Schwäche sind und weil die Leser möglicherweise zuerst die kursiv gedruckten Passagen eines Artikels lesen, statt oben links mit dem Lesen zu beginnen. In seiner Rezension von Iris Murdochs Roman *The Philosopher's Pupil* im »Observer« beschwerte sich Martin Amis über den Erzähler »N«, der ihn sehr irritierte, und erklärte, was geschehen kann, wenn man Kursivschrift zu ausgiebig verwendet:

> Abgesehen von einer Schwäche für Anführungszeichen, hat »N« auch eine Schwäche für Ellipsen, Schrägstriche, Ausrufezeichen und Kursivschrift, besonders Kursivschrift. Jedes Blatt ist mit einem halben Dutzend Unterstreichungen versehen, gewöhnlich ein Zeichen für stilistische Unentschlossenheit. Eine schrille, surreale (und viel kürzere) Version des Romans könnte durch das Lesen der Kursivschrift und das Auslassen des Restes erzielt werden. Es würde sich dann etwa folgendermaßen lesen:
> *Deep, significant, awful, horrid, sickening, absolutely disgusting, guilt, accuse, secret, conspiracy, go to the cinema, go for a walk, an entirely different matter, an entirely new way, become a historian, become a philosopher, never sing again, Stella, jealous, happy, cad, bloody fool, God, Christ, mad, crazy ...*

Gemein, oder? Doch andererseits hat er allen die Mühe erspart, das Buch zu lesen.

Als Martin Amis die Anführungszeichen in *The Philosopher's Pupil* als lästig bezeichnete, hatte er nichts gegen jene, die tatsächlich eine wörtliche Rede oder ein Zitat einleiteten. Anführungszeichen werden von überempfindlichen Autoren häufig wie eine Art linguistischer Gummihandschuh benutzt, um Etwas von etwas Anderem zu trennen, das man eigentlich nicht verwenden will, weil man sich zu fein dafür ist. Dieser »N« in Iris Murdochs Roman kann sich offensichtlich nicht dazu überwinden, »keep in touch« zu sagen, ohne diese Wortgruppe hygienisch in Anführungszeichen zu verpacken und dies, um seine Ironie ganz deutlich zu machen, zusätzlich auch noch mit zwei angedeuteten Anführungsstrichen rechts und links vom Gesicht zu betonen. In Zeitungsredaktionen kennt man diese Anführungszeichen als »Panik-Zeichen«: »BRITAIN BUYS ›WRONG‹ VACCINE«, »ROBERT MAXWELL ›DEAD‹«, oder »DEAD MAN ›EATEN‹ IN GRUESOME CAT HORROR«. Solche Anführungszeichen, wohlgemerkt nicht als Paare, sondern meist je ein einzelner Anführungsstrich, werden von den Lesern folgendermaßen interpretiert: An dieser Aussage ist möglicherweise etwas Wahres dran, vielleicht gibt es auch eine zitierbare Quelle, aber die Zeitung möchte das noch nicht als Tatsache verbreiten.

Nachweislich bieten Anführungszeichen keinen rechtlichen Schutz: Konstatiert man, dass jemand »lügt«, ist das in der Rechtsprechung so ziemlich dasselbe, als wenn man sagt, dass jemand lügt. Und wir alle wissen, dass der tote Mann tatsächlich von den Katzen gefressen wurde, weil – wäre es nicht der Fall gewesen – keiner auch nur die Möglichkeit ins Spiel gebracht hätte. Interessant ist, dass man diese Schreibweise in der Werbung für ›Pizzas‹ in großen Supermarktketten findet. Wer sich mit Zeitungsschlagzeilen auskennt, weiß, dass ›Pizzas‹ in Anführungszeichen heißt: Es könnten Pizzas da sein, doch niemand verspricht, dass auch wirklich welche da sind, und wenn sich dann herausstellt, dass es sich dabei um Pappdeckel mit Käsebelag handelt, soll bloß keiner behaupten, er wäre nicht gewarnt worden.

Über den Gebrauch von Anführungszeichen herrscht oft Unklarheit. Ein Katalog annonciert, dass der Ananasscheibenschneider gerade so funktioniere ›wie ein Zirkel‹. Wieso? Warum funktioniert er nicht einfach wie ein Zirkel? Hier blitzt ein wahrhaft kognitives Problem auf, ein echtes Missverständnis darüber, was Schreiben eigentlich ist. Nigel Hall von der Manchester Metropolitan University, der untersucht, wie Kinder Zeichensetzung erlernen, erzählte mir von dem kleinen Jungen, der seine Aufgaben mit Anführungszeichen spickte, unabhängig davon, ob es sich um wörtliche Rede handelte oder nicht. Warum machte er das? »Weil ich das alles sage«, erklärte das Kind, und ich könnte mir vorstellen, dass es schwierig war, gegen solch eine lupenreine Logik zu argumentieren. Mir scheint, Leute, die Werbeschilder wie ›PIZZAS‹, ›NOW OPEN SUNDAYS‹, ›THANK YOU FOR NOT SMOKING‹ in die Schaufenster hängen – haben das gleiche Problem wie der kleine Junge. Sie meinen auch, alles gehöre in Anführungszeichen, weil *sie das alles sagen.*

So einfach uns heute der Gebrauch der Satzzeichen erscheint, es dauerte eine ganze Weile, bis er sich entwickelt hatte, und er wird sich natürlich auch weiterentwickeln. Bis zum Beginn des 18. Jahrhunderts wurden Anführungszeichen in England nur verwendet, um die Aufmerksamkeit auf salbungsvolle Bemerkungen zu lenken. Dann hatte 1714 jemand die Idee, Anführungszeichen zu verwenden, um direkte Rede zu kennzeichnen. Als 1749 die erste Ausgabe von Henry Fieldings *Tom Jones* erschien, verwendeten die Drucker hochgestellte umgekehrte Kommas.

Seit dem 18. Jahrhundert wurde der Gebrauch der Anführungszeichen standardisiert. Die Leser sollten sich schon früh daran gewöhnen, dass sich die Frage »Double or single?« nicht nur auf Betten, Tennisturniere oder Sahne bezieht. Man findet in Texten immerzu doppelte und einfache (halbe) Anführungszeichen, nimmt sie wahr und denkt nicht weiter darüber nach. Da ich es noch gelernt habe, doppelte Anführungszeichen ausschließlich für die wörtliche Rede zu verwenden, und einfache Anführungszeichen für eine Rede innerhalb der wörtlichen Rede, tut es mir weh, wenn ich es anders herum sehe.

Anführungszeichen werden in Großbritannien und Amerika unterschiedlich gesetzt: Im amerikanischen Englisch gebraucht man *immer* doppelte Anführungszeichen, und wenn ein Satz mit wörtlicher Rede in Anführungszeichen endet, stehen die Satzzeichen schön ordentlich *innerhalb* der Anführungszeichen.

> Sophia asked Lord Fellamar if he was »out of his senses«.
> *(Britisch)*
> Sophia asked Lord Fellamar if he was »out of his senses.«
> *(Amerikanisch)*

Besonders deutlich wird es, wenn die direkte Rede durch einen Einschub unterbrochen ist:

> »The President,« he said, »will not be visiting Guantánamo Bay.«
> *(Amerikanisch)*

(Ausnahme: Kongressdrucksachen oder Gerichtsunterlagen folgen in den USA meist der englisch-kanadischen Zeichensetzung.)

Die Regeln für das britische Englisch:

> Wird ein Dialog am Ende ergänzt, wird er mit einem Komma innerhalb der Anführungszeichen beendet:

»You are out of your senses, Lord Fellamar,« gasped Sophia.

> Wird der Dialog (a) am Anfang ergänzt oder (b) steht für sich alleine, setzt man den Satzendpunkt noch vor das Anführungszeichen:

a) Lord Fellamar replied, »Love has so totally deprived me of reason that I am scarce accountable for my actions.«

b) »Upon my word, my Lord, I neither understand your words nor your behaviour.«

> Wird lediglich ein Teil der wörtlichen Rede zitiert, steht das Satzzeichen hinter dem Anführungszeichen:

Sophia recognised in Lord Fellamar the »effects of frenzy«, and tried to break away.

> Handelt es sich bei dem Zitat um eine Frage oder um einen Ausruf, steht das Schlusszeichen innerhalb der Anführungszeichen:

»Am I really to conceive your Lordship to be out of his senses?« cried Sophia.

Die Grundregel ist logisch und klar:

Gehört das Satzzeichen zu einem Zitat oder zu wörtlicher Rede, steht es innerhalb der Anführungszeichen; gehört es zum Satz, steht es außerhalb der Anführungszeichen.

In diesem Kapitel wurde bisher Zeichensetzung vorgestellt, die den Leser ermuntert, Wörter zu betonen:

Hallo!
Hallo?
Hallo
»Hallo«

Doch viele klassisch ausgebildete Schauspieler wissen, wie wirkungsvoll es sein kann, die Stimme zur Betonung zu senken oder zu heben. Dichter und Autoren kennen das, und damit kommen Gedankenstriche und Klammern ins Spiel. Beide Zeichen verringern anscheinend die Lautstärke und flachen den Klang der Stimme ab; doch sorgfältig angewandt steuern sie mehr zu einer Aussage bei als eine halbe Seite Kursivschrift. Hier einige Gedankenstrich-Beispiele aus der Literatur:

He learned the art of riding, fencing, gunnery,
And how to scale a fortress – or a nunnery. (Byron: *Don Juan*)

Let love therefore be what it will, – my uncle Toby fell into it.
(Laurence Sterne: *Tristram Shandy*)

Because I could not stop for Death –
He kindly stopped for me –
The Carriage held but just Ourselves –
And Immortality.
(Emily Dickinson: »Because I could not stop for Death«)

Heute wird der Gedankenstrich als Feind der Grammatik angesehen, teils weil bei E-Mail- und Handy-Texten ungeordnete Gedanken Mode geworden sind, teils weil der Gedankenstrich einen geradezu ärgerlich guten Ersatz für andere Satzzeichen abgibt. »I saw Jim – he looked gr8 – have you seen him – what time is the thing 2morrow – C U there.« Warum ist der Gedankenstrich zum Mode-Satzzeichen geworden? Vielleicht weil er so einfach anzuwenden ist, vielleicht aber auch, weil es so schwierig ist, ihn falsch anzuwenden, aber sicher auch, weil er gut *zu sehen* ist. Punkte und Kommas sind in den modernen Schriftarten meist ziemlich klein, ein horizontaler Gedankenstrich dagegen ist kaum zu übersehen.

Gedanken- und Bindestrich unterscheiden sich in der Länge: Der Gedankenstrich ist etwas länger als der Bindestrich. Die Anwendung ist mittlerweile etwas unklar. Im Allgemeinen verbindet oder trennt der Gedankenstrich Sätze und Wortkomplexe, der Bindestrich dagegen verbindet oder trennt einzelne Wörter.

Zu viele Gedankenstriche lassen auf barocke und hyperaktive Verrücktheit schließen, wie bei der atemlosen Miss Bates in Jane Austens *Emma*:

»How do you do? How do you all do? – Quite well, I am much obliged to you. Never better. – Don't I hear another carriage? – Who can this be? – Very likely the worthy Coles.«

Das Wort »Dash« (Gedankenstrich) hat den gleichen Wortursprung wie das Verb »to dash« (im Mittelenglischen »dasshen«, was soviel bedeutet wie »klopfen, schmettern, zerschlagen«). Tatsächlich kann ein einzelner Gedankenstrich eine dramatische Zerschlagung oder Trennung bewirken, die für Humor, Pathos oder Schockwirkung genutzt werden kann. »Wart's nur ab«, scheint ein einzelner Gedankenstrich mit einem Augenzwinkern zu flüstern. Schon Byron hat gezeigt, welch ein Meister des dramatischen Gedankenstrichs er ist. Hier noch ein Beispiel:

> A little still she strove, and much repented,
> And whispering »I will ne'er consent« – consented.

Ein Komma hätte hier nicht ausgereicht und nichts bewirkt, auch weil die Metrik weiter voran eilt. Unterdessen wurde Emily Dickinson nachgesagt, ihre besondere Vorliebe für Gedankenstriche sei ein Spiegel ihres Denkens, zeige die »Analogiesprünge und -blitze eines fortgeschrittenen Erkenntnisvermögens« – vielleicht; vielleicht besaß sie aber auch eine Schreibmaschine, bei der alle anderen Satzzeichen sadistischerweise entfernt worden waren.

Der doppelte Gedankenstrich hat die Funktion von Klammern; die Frage ist nur, wann verwendet man Klammern und wann Gedankenstriche? Der Unterschied kann sehr fein sein, bitte vergleichen Sie diese beiden Beispiele:

> He was (I still can't believe this!) trying to climb in the window.
> He was – I still can't believe this! – trying to climb in the window.

Ist eine der beiden Versionen der anderen vorzuziehen? Würde man beide laut lesen, wäre es schwer, sie auseinander zu halten. Doch gedruckt scheint es, als würden die Klammern den Einschub halbwegs entfernen oder unterdrücken, während die Gedankenstriche ihn herzlich willkommen heißen und umschließen.

Klammerzeichen gibt es in verschieden Formen und mit unterschiedlichen Bezeichnungen:

> runde Klammern, (die in Britannien »brackets« heißen und in Amerika »parentheses«)
> eckige Klammern, [die in Britannien »square brackets« heißen und in Amerika »brackets«]
> geschweifte Klammern, {kommen eigentlich aus der Mathematik und werden im Englischen »brace brackets« genannt}
> spitze Klammern, ⟨die in der Mathematik und auch in anderen Wissenschaften Anwendung finden⟩.

Spitze Klammern tauchten am frühesten auf, doch im 16. Jahrhundert bekamen die runden Klammern den attraktiven Namen »lunulae« wegen ihres mondförmigen Profils. Das Wort »bracket« – eines der wenigen englischen Wörter, das nicht aus dem Griechischen oder Lateinischen stammt – hat den gleichen Ursprung wie »brace« und »breeches« und beschrieb ursprünglich die Art Klammern rechts und links, die einem Buchregal Halt geben. Der Gedanke, dass Klammern einen Satzteil einen Moment lang über andere Satzteile erheben, ist ziemlich plausibel. Der Leser darf aber nicht zu lange auf die Schluss-Klammer warten müssen. Denn, wie Oliver Wendell Holmes so schön bemerkte: »Bei jeder Klammer muss man von einem Gedanken absteigen und dann wieder in den Sattel kommen.« Autoren, die ganze Substantiv-Passagen in Klammern einschließen, können vielleicht das existenzielle Leiden, das sie damit verursachen, nicht nachfühlen. Aber wenn sich eine Klammer auf der Mitte der Seite am linken Rand öffnet und die abschließende Klammer nirgends in Sicht ist, dann kommt man sich vor wie in einem Bühnenstück von Jean-Paul Sartre.

Es gibt viele ganz legitime Gelegenheiten, Klammern zu setzen:

> Um Information hinzuzufügen, um zu klären, zu erklären, zu beschreiben:

Tom Jones (1749) was considered such a lewd book that, when two earthquakes occurred in London in 1750, Fielding's book was blamed for them.

> Klammern können auch Nebenbemerkungen des Autors enthalten:

In the United States the exclamation mark is called (really!) exclamation point.

> Eckige Klammern sind bei Lektoren so beliebt, weil sie dazu verwendet werden können, die Bedeutung einer direkten Aussage zu verdeutlichen, ohne ein Wort ändern zu müssen:

She had used it [*the book*] for quite a number of examples now.

Hier heißt es im Text »it«, doch der Lektor möchte das »es« benennen und setzt die Zusatzinformation in eckige Klammern. Es wäre auch in Ordnung, das »it« durch die Zusatzinformation in der Klammer zu ersetzen:

She had used [*the book*] for far too many examples by this stage.

Eckige Klammern werden am häufigsten zusammen mit dem Wörtchen *sic* verwendet (das vom Lateinischen *sicut* stammt und soviel heißt wie »so«), zum Beispiel, um auf etwas Falsches oder eine andere Bedeutung hinzuweisen. Im Allgemeinen meint *sic*: Der vorangegangene Fehler (oder mutmaßliche Fehler) wurde vom Autor oder Redner verursacht, der gerade zitiert wird; ich (*sic*) bin nur der Bote, ich (*sic*) mache nix falsch.

Besonders Literaturkritiker lieben es, das *sic* zu verwenden. Sie kommen sich toll dabei vor, weil sie zeigen können, dass sie einen Fehler entdeckt haben, hurra!

Manchmal schließen eckige Klammern Auslassungspunkte ein, die anzeigen, dass etwas im Text ausgelassen wurde:

But a more lucky circumstance happened to poor Sophia: another noise broke forth, which almost drowned her cries [...] the door flew open, and in came Squire Western, with his parson, and a set of myrmidons at his heels.

Kürzlich hörte ich, jemand schriebe eine Dissertation über die Ellipse (die »3 Pünktchen« oder Auslassungspunkte). Ich war entsetzt. Ellipsen sind die schwarzen Löcher der Zeichensetzung. Zeitungen verwenden die Ellipse manchmal abwechselnd mit dem Bindestrich ... was irritierend sein kann ... weil ihr richtiger Gebrauch spezifisch ist und sehr selten:

> um ausgelassene ... Wörter in einem Zitat anzuzeigen
> um die Leser neugierig zu machen, was immer eine gute Art ist, etwas zu beenden – die Neugierde zu wecken.

Denken Sie nur an die erotische Anspielung, die in den drei berühmten Pünktchen am Ende eines Kapitels liegt (»He swept her into his arms. She was powerless to resist. All she knew was, she loved him ...«), da wäre es erniedrigend für die Ellipse, als Unterart des Bindestrichs zu gelten. Vielleicht sollte ich über die Ellipse, die Auslassung, die endgültigen Worte aus Peter Cooks Sketch »Pete and Dud« in der Sendung »Not Only But Also« auf BBC 2 von 1966 zitieren. Peter Cook sinniert über die Bedeutung der drei Pünktchen, ein ebenso philosophischer Moment wie der Streit der Kritiker Moon und Birdboot in Tom Stoppards »The Real Inspector Hound«, über die Frage, ob man ein Bühnenstück mit einer Pause beginnen kann.

Pete erklärt Dud, wie in Nevil Shutes »A Town Like Alice« ein sonnengebräunter Pilot sich auf einer staubigen Landebahn einer Frau nähert – einer Frau, deren perfekt geformte Vollbusigkeit unter dem leichten Popelinkleid durch einen Regenguss und die enorme Luftbewegung der Flugzeugpropeller noch unterstrichen wurde.

DUD: What happened after that, Pete?
(*Was passierte danach, Pete?*)

PETE: Well, the bronzed pilot goes up to her and they walk away, and the chapter ends in three dots.
(*Nun, der braun gebrannte Pilot läuft hinüber zu ihr und sie gehen zusammen davon, und das Kapitel endet mit drei Pünktchen.*)

DUD: What do those three dots mean, Pete? (*Was bedeuten diese drei Pünktchen, Pete?*)

PETE: Now, in Shute's hands, three dots can mean anything.
(*Also wenn Shutes sie benutzt, können drei Punkte alles Mögliche bedeuten.*)

DUD: How's your father, perhaps?
(*Vielleicht, wie geht's Ihrem Vater?*)

PETE: When Shute uses three dots it means; »Use your own imagination. Conjure the scene up for yourself.« (*Pause*) Whenever I see three dots I feel all funny.
(*Wenn Shute drei Pünktchen verwendet, bedeutet dies: »Gebrauche deine eigene Fantasie. Stell Dir die Szene selbst vor.« (Pause) Wann immer ich drei Pünktchen sehe, wird es mir ganz flau.*)

ⓓ Und wie ist es im Deutschen?

Anführungszeichen

Wie im Englischen schließen Anführungszeichen auch im Deutschen die wörtliche oder direkte Rede ein, heben Wörter oder Textteile hervor und kennzeichnen ironisch gemeinte Aussagen. Halbe Anführungszeichen sind für Einschübe innerhalb einer direkten Rede vorgesehen.

Der Punkt sagt uns ganz selbstbewusst: »Hier ist der Satz zu Ende.«

Das Fragezeichen

> - schließt eine direkte Frage ab,
> - steht auch am Ende einer rhetorischen Frage, auf die keine Antwort erwartet wird,
> - kennzeichnet eine Frage,
> - verändert die Betonung des Satzes.

> Ich habe jene Veranstaltung (die so genannte Reform) stets für ein Machwerk weltfremder finsterer Gesellen gehalten, für eine haarsträubende Einstellung, und mich immer gefragt: Wer zum Teufel steckt dahinter? Menschen ohne Eros? Also Monster? Also überbezahlte Professoren? (Ralf Rothmann in der FAZ)

Das Ausrufezeichen

> - verleiht einer Aussage Nachdruck,
> - verkündet Behauptungen, Aufforderungen, Wünsche, Ausrufe und Sensation.

Der Gedankenstrich

> - bereitet auf etwas Weiterführendes vor, so wie der Doppelpunkt oder das Komma. Es kommt darauf an, wie viel Gewicht man der Ankündigung geben will:

Plötzlich – ein Knarren der Dielen.
Plötzlich: ein Knarren der Dielen.
Plötzlich, ein Knarren der Dielen.

> Auch ein Themen- oder Sprecherwechsel kann durch den Gedankenstrich erkennbar gemacht werden.

> Der Gedankenstrich ist sich nicht dafür zu schade, wie ein Komma Zusätze, Wörter und Wortgruppen zu trennen:

Ihr Vater – der große Afrikaforscher – hatte das alles gesehen.

> Der Ergänzungsstrich ist der Rationalisierungsfachmann bei Aufzählungen oder Wortzusammensetzungen:

Haupt- und Nebensatz; Literatur- und Kunstpreise

> Klammern sind engagierte Aufklärer, die zusätzliche Informationen enthalten:

Als Autor ... bin ich es gewohnt, dass das Ansehen dieses Hauses (und es ist ein Haus) einem feuilletonistischen Gezeitenspiel unterliegt: Zeichen dafür, dass das Programm für maßgeblich gehalten wird. (Thomas Meinecke über den Suhrkamp Verlag)

Auslassungspunkte

> Schreibende, die ihren Lektoren einen Nervenzusammenbruch ersparen wollen, verwenden wirklich nur drei Auslassungspunkte, wenn ein ausgelassenes Wort- oder Textteil angezeigt werden soll.

Eine Leserin seines Romans verstand einige Wörter nicht und nannte [Jonathan] Franzen deshalb einen »aufgeblasenen Snob und ein echtes ...« – jedenfalls etwas Wüstes. (FAZ)

[, ; : ? ! (-) ! ? : ; ,]

»EIN KLEINES GEBRAUCHTES SATZZEICHEN«

Eine der tiefsinnigsten Bemerkungen, die je zur Zeichensetzung gemacht wurde, ist in einer alten Stilfibel der Oxford University Press, New York, zu finden: »Wer Bindestriche ernst nimmt, wird verrückt.« Das stimmt. Man beachte nur, wie dieses kleine Zeichen allen vorangegangenen Kategorisierungen entkam und nun in diesem winzigen, angehängten Kapitel als Nachtrag behandelt werden muss. Der Bindestrich ist ein seltsames kleines Zeichen. Schon vor Jahren kämpften die Menschen für die Abschaffung des Bindestrichs: Woodrow Wilson sagte, der Bindestrich sei »die un-amerikanischste Sache der Welt« – wobei er natürlich nicht den Bindestrich im Wort »un-amerikanisch« meinte; Churchill sagte: »Bindestriche [seien] ein Makel, zu vermeiden, wo immer es möglich ist«. Doch es wird immer Probleme dabei geben, sich der Bindestriche zu entledigen: Wenn es nicht extra-marital sex (außerehelicher Sex, mit Bindestrich!) ist, dann ist es vielleicht extra marital sex (zusätzlicher ehelicher Sex, ohne Bindestrich), was ja wohl etwas anderes ist. Es gibt jede Menge Ausdrücke, die geradezu nach Bindestrichen schreien. Viele bekannte Beispiele gäbe es ohne Bindestriche nicht:

little used car vs. little-used car
der kleine Gebrauchtwagen oder das selten benutzte Auto;

superfluos hair remover vs. superfluos-hair remover
der überflüssige Haarentferner oder das Enthaarungsmittel;

two hundred odd members of the Conservative Party vs. two-hundred-odd members of the Conservative Party

die zweihundert seltsamen Mitglieder der Konservativen Partei oder die mehr als zweihundert Mitglieder der Konservativen Partei.

Die Bezeichnung »hyphen« für Bindestrich kommt aus dem Griechischen. Wie viele verschiedene Wörter die Griechen doch hatten, um räumliche Beziehungen zu erläutern – nebenan platzieren, darunter platzieren, verbinden, abtrennen! Da haben wir aber Glück gehabt, denn sonst hätten wir unseren Satzzeichen Namen wie »Verbinder« und »halber Gedankenstrich« geben müssen. Der Wortursprung von »hyphen« lautet »in einem« oder »zusammen«. Der Bindestrich verbindet Wörter oder Wörter mit Vorsilben, um sie verständlicher zu machen. Auch hält er andere Wörter sauber auseinander, mit gleicher Absicht.

Das Schicksal des Bindestrichs ist natürlich mit der allgemeinen Veränderung der Sprache verbunden, auf die ich im nächsten Kapitel eingehen werde: der erstaunlichen und ziemlich gefährlichen Rückentwicklung zur *scriptio continua* der Antike, ohne groß geschriebene Anfangsbuchstaben oder hilfreiche Zeichensetzung. Das einzig Gute daran: Sollten diese Bücher mehr als die nächsten zwanzig Jahre überstehen, werden junge Leser keine Schwierigkeiten haben, James Joyce zu lesen, weil poetische Wortverbindungen wie »snotgreen« und »scrotumtightening« (ohne Bindestriche) völlig alltäglich aussehen werden. E-Mail-Adressen und manche Anzeigen im Internet (»GENTSROLEXWATCH«) härten uns gegen diesen Trend schon mal ab, und als ich eine Einladung des BBC zur Gründung einer Initiative mit dem Namen »soundstart« erhielt, nahm ich kaum noch Notiz davon. Früher hätte man gefragt: »Nur ein Wort? Zwei Wörter? Wo ist der Bindestrich?« Gerade verschwindet die dritte Alternative mit erstaunlicher Schnelligkeit, und ich habe von Menschen mit Doppelnamen gehört, die ihre liebe Not haben, anderen Menschen oder offiziellen Einrichtungen den namenseigenen Bindestrich zu erklären, weil so wenige Menschen am anderen Ende des Telefons wissen, was ein Bindestrich ist. So kommt es, dass sie Kreditkarten mit dem Aufdruck »Anthony Armstrong, Jones«, »Anthony Armstrong'Jones« oder gar »Anthony Armstrong Hyphen« erhalten.

Bevor wir in eine deprimierende Welt eintauchen, in der man schreibt: »Hallowiegehtswasistdasfüreineideemitdemplatzhaltestrich?«, sollten wir klären, wohin Bindestriche gehören.

Wann setzt man einen Bindestrich?

> Viele Wörter benötigen einen Bindestrich, um Ungenauigkeiten zu vermeiden. Wörter wie »co-respondent«, »re-formed«, »re-marked« zum Beispiel. Eine re-formed rock band ist etwas ganz anderes als eine reformed rock band. Genauso ist ein long-standing friend etwas anderes als ein long standing friend. Und man könnte noch viele Beispiele bringen. Sorgfältig gesetzte Bindestriche bewahren uns jedoch nicht immer vor Missverständnissen, wie ich jüngst feststellen konnte. In einem Bericht über den Stand moderner Zeichensetzung für den »Daily Telegraph« spielte ich auf ein »newspaper stylebook« an – ich setzte den Bindestrich sorgfältig, um die Bedeutung eindeutig zu machen. Und ist das zu fassen? Zwei Leute beschweren sich! Ich hätte den Bindestrich falsch gesetzt, meinten sie (voller Schadenfreude). Da es so etwas wie ein »newspaper style-book« nicht gäbe, hätte ich sicher schreiben wollen »newspaper-style book«. Hat man dafür Töne? »Wie sieht denn wohl Ihrer Meinung nach so ein newspaper-style book aus, wenn es zu Hause im Regal steht?«, habe ich sie gefragt. Natürlich habe ich keine Antwort darauf bekommen.

> Beim Buchstabieren von Zahlen wie bei thirty-two, forty-nine brauchen Sie einen Bindestrich; ebenso beim mündlichen Buchstabieren von Wörtern, wenn die Buchstaben einzeln artikuliert werden sollen:

»K-E-Y-N-S-H-A-M«.

> Beim Verbinden von zwei Substantiven (London-Brighton train) und Adjektiven (American-French relations) geht's auch nicht ohne Bindestrich. Schriftsetzer und Lektoren verwenden dafür den kurzen Bindestrich, den man im englischen Sprachraum »en-rule« nennt.

> Will man bei Substantivverbindung wie »stainless steel« ein anderes Substantiv beschreiben, wie bei »stainless-steel kitchen«, muss der kleine Strich dazwischen. Der Zug, der um »seven o'clock« abfährt, ist der »seven-o'clock train«.

> Bestimmte Vorsilben benötigen einen Bindestrich: un-American, anti-Apartheid, pro-hyphens, quasi-grammatical.

> Unschöne linguistische Zustände wie das Kollidieren von Buchstaben vermeiden Sie ganz einfach: Statt »deice« schreiben Sie besser »de-ice«, statt »shelllike« besser »shell-like«.

> Am häufigsten wird der Bindestrich gebraucht, wenn ein Wort am Zeilenende unterbrochen wird. Der Bindestrich wird dann zum Trennstrich. Bei der Wort- und Silbentrennung kommt es zu den schönsten Beweisen der Unkenntnis. Ich sage nur, es heißt »pains-]taking« und nicht »pain-]staking«.

> Wenn Sie Verzögerung oder Stottern schriftlich anzeigen möchten, brauchen Sie gleich mehrere Bindestriche: »I reached for the w-w-w-watering can.«

Trotz all dieser Regeln scheint der Bindestrich auf dem Rückzug; auch die Ausgabe des *Oxford Dictionary of English* von 2003 lässt dies vermuten. Bereits 1930 riet *Fowler's Modern English Usage*, den Gebrauch des Bindestrichs »wo immer es vernünftig ist« zu unterlassen. In Amerika macht sowieso jeder, was er will, und im Vereinigten Königreich kommt es zu ziemlich psychotischen Verwendungsformen, besonders bei Verben mit Präpositionen: »Time to top-up that pension« lässt uns eine Anzeige wissen. Ungebildete Sportberichterstatter schreiben mit Nachdruck: the game »kicked-off« um 15 Uhr, und sie werden dafür ganz offensichtlich nicht anschließend »ticked off«. Auf der Literatur-Website der »Times« lese ich, Joan Smith »rounds-up« the latest crime fiction. Doch was ist, wenn ein Autor seine Bindestriche mag und die Koppelung vernünftig begründen kann? In seinem Buch *U&I Wie groß sind die Gedanken?* beschreibt Nicholson Baker seine Empfindungen, als eine »sehr kluge, sorgfältige und gutmütige Korrektorin ungefähr 200« seiner »unschuldigen, spielerisch gesetzten Bindestriche« aus einem seiner Bücher gestrichen hatte. »Das amerikanische Lektorats- und Korrekturwesen bei verbundenen und nicht verbundenen Zusammensetzungen«, sagt er, »befindet sich wahrscheinlich in einem Zustand demoralisierten Durcheinanders.« Bei dieser Gelegenheit schrieb er so oft »Bindestrich lassen« an den Rand, dass er es zum Schluss nur noch »BL« abkürzte:

> Und so rekorrigierte ich mich bei meinem neuen Manuskript halb krank. Ich rekorrigierte *re-enter* (statt *reenter*), *post-doc*, (statt *postdoc*), *foot-pedal* (statt *foot pedal*), *second-hand* (statt *secondhand*), *twist-tie* (statt *twist tie*) und *pleasure-nubbins* (statt *pleasure nubbins*).

Übrigens ist es wohl besser, nicht zu fragen, worauf sich das Wort »pleasure-nubbins« hier bezieht, auch wenn ich Bakers Recht unterstütze, seine »pleasure-nubbins« mit Bindestrich zu versehen – auch den ganzen Tag lang, wenn er möchte.

Die korrekte Anwendung des Bindestrichs ist ein einziges Chaos, und es wird wahrscheinlich noch schlimmer. Wenn man bedenkt, dass es vor fünfzig Jahren noch »Oxford-street« statt »Oxford Street« hieß oder »to-morrow« statt »tomorrow«, kann man nicht anders, als um Gnade zu flehen. Interessanterweise sagt Kingsley Amis, dass jene, die sich selbstgefällig dem Bindestrich in »fine tooth-comb« widersetzen, völlig falsch liegen in der Annahme, es müsse »fine-tooth comb« geschrieben werden. Offensichtlich gibt es tatsächlich so etwas wie einen Zahn-Kamm, den man in diversen Feinheitsgraden bekommt. Ist es nicht eine Erleichterung, dass man das nun endlich weiß? Man lernt doch wirklich jeden Tag etwas Neues.

ⓓ *Und wie ist es im Deutschen?*

Gedanken- und Bindestrich konkurrieren optisch nur in der Länge. Der Bindestrich entspricht dem Trennstrich. Wirklich pingelig beim Gebrauch von Gedanken- und Bindestrich sind nur Redakteure und Lektoren, die ein Manuskript auszeichnen und für den Satz vorbereiten.

Der Bindestrich hat die Aufgabe

> unübersichtliche Zusammensetzungen und Fremdwortverbindungen aus zwei Substantiven zu verknüpfen:

Shopping-Center, Desktop-Publishing,
Mehrzweck-Küchenmaschine

> Missverständnisse durch einen Brückenschlag, einen kleinen Strich, zu vermeiden:

Ich-AG, Hoch-Zeit des Barock, Druckerzeugnis, Drucker-Zeugnis, Druck-Erzeugnis, der Ich-Erzähler, die Kann-Bestimmung, Nach-Denken, Musiker-Leben, Musik-Erleben, Re-inkarnation

> beim Zusammentreffen von drei gleichen Buchstaben die Wörter wieder erkennbar zu machen:

Zellleib – Zell-Leib; Mufffutter – Muff-Futter,
Schiff-Fahrt, See-Elefant, Zoo-Ordnung

> Zusammensetzungen, Abkürzungen, Ziffern zu verbinden:

D-Dur, i-Punkt, T-Shirt, zum x-ten Mal, 22-fach, UNO-Hauptquartier, 100-prozentig

> Eigennamen und deren Ableitungen zu verbinden:

   Baden-Württemberg, baden-württembergische Versicherung, gräflich-rieneckische Güterverwaltung oder auch Gräflich-Rieneck'sche Güterverwaltung, Albrecht-Dürer-Gedenkmünze, Georg-Büchner-Preis

> Zusammensetzungen aus gleichrangigen Adjektiven zusammenzufügen:

   geistig-moralische Wende, medizinisch-technischer Assistent, christlich-jüdische Zusammenarbeit

> Übersichtlichkeit zu schaffen:

   Ost-West-Gespräche der Regierung, Vitamin-A-Mangel, Berg- und-Tal-Bahn, Trimm-dich-Pfad. Die wirtschaftlich-technische Kooperation; die physikalisch-chemisch-biologische Komponente des Versuchs

Der Sprachkritiker Dieter E. Zimmer warnt allerdings in einem Interview mit dem Literaturkritiker Uwe Wittstock im Feuilleton der WELT davor, die für die deutsche Sprache typischen Wortzusammensetzungen aufzugeben:

> Überall auf den Straßen begegnet man heute dem sächsischen Genitiv, dem mit Apostroph angehängten s, »Bea's Bistro«. Oder: die Renaissance des »c«. Oder: Das Deutsche hat eine eigenwillige Tendenz zur Bildung von Komposita, siehe die viel belächelte »Donaudampfschiffahrtskapitänswitwe«.
> Vorhin kam ich an einem Schaufenster vorbei, in dem ein »Angebot an Zink Töpfe« zu bestaunen war. Das Deutsche verliert hier also eines seiner Charakteristika, die Unterschiede zwischen den Sprachen flachen sich ab.

[, ; : ? ! (-) ! ? : ; ,]

»DAS IST DOCH ALLES NUR KONVENTION!«

In der ersten Ausgabe von Eric Partridges *You Have a Point There*, die ich nur aus der Bibliothek geliehen habe, steht auf Seite 33 die Randnotiz eines früheren Lesers. Partridge erläutert gerade die 17. Version der richtigen Kommasetzung (»Das Komma in voll entwickelten komplexen Sätzen«) und bemerkt, es sei in diesem besonderen Fall schwierig, starre Regeln aufzustellen. »Mein Ziel ist es, hilfreich zu sein, nicht dogmatisch«, erklärt er. »Die folgenden Beispiele werden bei genauem Studium die Informationen liefern, mit denen jede Person durchschnittlichen Intelligenzgrades ohne Anstrengung ungeschriebene Arbeitsregeln aufstellen kann.« Woraufhin jener unbekannte Leser in altmodischer Handschrift am Rand notierte: »Quatsch! Partridge, du faules Schwein.«

Aus zwei Gründen fällt mir dieser Ausbruch wieder ein. Zum einen: Wenn Eric Partridge schon damals für einige Leute nicht umfassend genug war, welche Chance habe dann ich mit diesem Buch? Zum anderen schlummerte dieser verblüffende Kommentar wahrscheinlich fünfzig Jahre lang in den Seiten des Buches. Und das macht mich wehmütig. Die Zukunft der Bücher – ein heikles Thema. Jeden Tag hört man, das Buch sei tot, denn selbst das dümmste Kind fände »alles« im Internet. Doch das derzeitige Interpunktionssystem wurde im goldenen Zeitalter des Buchdrucks erschaffen, und sein Überleben ist von der Entwicklung der Drucktechnik abhängig. Die Zeichensetzung existiert als gedruckte Konvention. Sie hat sich, weil die Buchdrucker konservativ waren, nur langsam entwickelt, ist aber auch nur dann hilfreich, wenn Leser gelernt haben, die feinen Nuancen auf der Druckseite zu erkennen.

Spricht man vom Niedergang der Interpunktion, wird behauptet, E-Mails und Textnachrichten seien schuld daran. Stimmt. Im elektronischen Zeitalter ist ihre Wirkung auf die Sprache offensichtlich, obwohl diese Entwicklung gerade erst begonnen hat und ihr wahrer Einfluss noch gar nicht absehbar ist.

»Meine E-Mails schreibe ich ganz anders«, wird mit verwundert-amüsiertem Blick gesagt, »vor allem, was die Interpunktion angeht. Ich finde es o.k., ständig Gedankenstriche und Ausrufezeichen zu verwenden. Und Punkt, Punkt, Punkt! Ich kann nichts dafür. Es ist, als hätte ich noch nie etwas von Semikolons gehört! Punkt, Punkt, Punkt! Und alle machen das so!«

Es sind aufregende Zeiten für das geschriebene Wort: Es passt sich gerade einem auf dem Siegeszug befindlichen Medium an, dem unmittelbarsten, universellsten und demokratischsten schriftlichen Medium, das je existierte. Doch das geht einigen Menschen einfach zu schnell.

Die Sprache präsentiert sich linear: Die Syntax übermittelt den Sinn der Worte in ihrer Reihenfolge. Man liest leise, hört im Innern die Stimme des Schreibers und übersetzt seine Gedanken. Das Buch bleibt statisch und fest, während der Leser es durchreist. Wer ein Buch in die Hand nimmt, will es verstehen. Man wird sich der Nachwelt und der Kontinuität bewusst, während man ein Buch in Händen hält. Man weiß, Texte werden lektoriert, gesetzt und korrigiert, bevor sie den Leser erreichen, und das verleiht ihnen die literarische Autorität, die wir so schätzen. Weil das Buch meist für Geld erworben wird, wird es zum stolzen Besitz, vom allgemeinen Nutzen des Buchs ganz zu schweigen.

All diese Bedingungen für das Lesen werden von den neuen Techniken überholt. Das Internet vermittelt Information nichtlinear. Es ist ein öffentlicher »Raum«, den man besucht und sogar bewohnt, seine Produkte sind unpersönlich und körperlos. Dokumente zu scrollen ist das Gegenteil von lesen: Die Augen bleiben starr, während das Material an ihnen vorbeifließt. Trotz der viel gepriesenen Möglichkeiten zur »Interaktion« wird Material aus dem Internet (oder von einer CD-Rom oder von was auch immer) völlig passiv gelesen, weil das gesamte interessante assoziative Denken schon von anderen für uns erledigt wurde. Elektronische Medien sind kurzlebig, für ständige Revision offen und arbeiten ziemlich eifrig jeder Art historischer Wahrnehmung entgegen. Das Material im Internet ist nicht lektoriert; es gibt keinen Mittler außer der Technologie. Da es meist nichts kostet, hat es einen fragwürdigen Wert. Außerdem kann man keine Anmerkungen an die Ränder des Bildschirms schreiben, die von einem Leser fünfzig Jahre später gelesen werden können.

Trotzdem gibt es keinen unmittelbaren Grund zur Panik. Sollte das Buch sterben, wird es seine loyalen Freunde (und die Buchläden) zumindest mit einem extravaganten und sich hinziehenden Schwanengesang erfreuen. Doch wenn man den Grad des Analphabetentums ringsum betrachtet – besonders all die Schilder mit »BOBS' MOTORS« und »ANTIQUE'S« – darf man einfach nicht vergessen, dass Bücher in der heutigen Gesellschaft nicht mehr die wichtigsten Sprachvehikel sind. Der kulturelle Trend zur globalen Selbst-Veröffentlichung kann alles nur schlimmer machen. Menschen, die ein Apostroph nicht von ihrem Ellbogen unterscheiden können, werden durch die modernen Medien aktiv ermuntert, ihre Texte allen aufzudrängen, die gerade hell genug zum Doppelklicken und Scrollen sind. Mark Twain sagte es vor vielen Jahren, doch es stimmte nie so sehr wie heute:

> Etwas wie das »Queen's English« gibt es nicht. Dieser Besitz ist in die Hände einer Aktiengesellschaft gefallen, und wir besitzen den größten Anteil der Aktien!

Doch das tut weh. Verdammt weh. Selbst wenn man weiß, dass die Zeichensetzung ihren heutigen Stand durch eine Reihe von Zufällen erreicht hat. Selbst wenn man weiß, dass es wenigstens 17 Kommaregeln gibt, von denen einige jenseits der Erklärungsfähigkeit durch Spitzengrammatiker sind – man verzweifelt, wenn man sieht, dass Leute, die den Unterschied zwischen

»who's« und »whose« nicht kennen – und deren verdammtes automatisches Korrekturprogramm den Unterschied auch nicht erkennt –, die Zeichensetzung als wertlos betrachten und somit verwerfen. Die reine Verzweiflung war der Anstoß für dieses Buch. Ich weiß, dass sich die Sprache weiterentwickelt. Das muss sie auch. Trotzdem tun mir die ägyptischen Hieroglyphenkünstler Leid, deren Tafeln wegen einer Sprachveränderung auf dem Abfallhaufen der Sprachentwicklung landeten (»Vogelköpfe im Profil? Sonst geht's noch, oder?«). Ich finde, dass unser Zeichensetzungssystem, das jahrhundertelang mit Anmut und Erfindungsgeist dem geschriebenen Wort gedient hat, nicht kampflos verschwinden darf.

Die Zeichensetzung war noch nie so bedroht wie heute durch die elektronischen Medien. Früher hatte sich Gertrude Stein zwar ein bisschen über die Zeichensetzung aufgeregt, aber ihre Angriffe waren eher kraftlos. Auch die Futuristen des frühen 20. Jahrhunderts versuchten es, doch ohne bleibende Wirkung. 1913 schrieb Fillipo Tommasio Marinetti das Manifest »Destruction of Syntax/Imagination without Strings/Words-in-Freedom«, das ein moralisches Recht der Wörter einforderte, ungefesselt leben zu können – ein Anspruch, dem die vielen Satzzeichen im Titel etwas entgegenstanden. Marinetti schrieb:

> Mit dem Bild der ungefesselten Zeichen meine ich das absolute Freisein von Vorstellungen oder Analogien oder von Ausdruck mit unbehinderten Worten und ohne verbindende Syntaxketten und ohne Zeichensetzung.

Marinetti wollte die »so genannte typografische Harmonie der Seite« sprengen. Er war in Poetik und Grafik mit seinen Ideen der »radikalen Abschaffung des Alten zugunsten der künstlerischen Innovation« einflussreich unter den Futuristen seiner Zeit. Doch liest man ihn heute, hat man eher den Eindruck, es handele sich um einen blutarmen Visionär, der eines Abends einschlief, von QuarkXPress träumte und am Morgen wieder grausam in die Welt vor dem Ersten Weltkrieg zurückgestoßen wurde.

Auf der gleichen Seite werden deshalb drei oder vier verschiedene Druckfarben verwendet oder wenn nötig sogar zwanzig verschiedene Schrifttypen. Zum Beispiel Kursivschrift für eine Reihe von schnellen Empfindungen, fett für brutale Onomatopöien und so weiter. Mit dieser typografischen Revolution und diesen vielfarbigen Buchstabenvarianten möchte ich die Ausdrucksstärke der Wörter verdoppeln.

Soviel zu Marinetti. G. B. Shaw bemühte sich unterdessen, mit seiner berühmten, wenn auch erfolglosen, Kampagne zur Reform der englischen Sprache den Wert des Auslassungs-Apostrophs anzuzweifeln. Obwohl er bekannter war als Marinetti, blieb seine Kampagne eine Ein-Mann-Show. Shaws Monomanie wird dadurch deutlich, dass er – kein Witz! – anlässlich der kurz zuvor entwickelten Atombombe 1945 an die »Times« schrieb und darauf hinwies, dass das zweite »b« im Wort »Bombe« unnötig wäre und der Welt eine gewaltige Zahl an Arbeitsstunden verloren gingen, weil man sich der herkömmlichen Buchstabierweise unterwerfen würde:

Ich kann das Wort »bomb« kaum leserlich 18-mal in einer Minute schreiben und »bom« 24-mal, das Weglassen des überflüssigen »b« spart 25 % der Zeit pro Minute ein. Im Britischen Commonwealth, in dem die Sonne niemals untergeht, und in den Vereinigten Staaten von Nordamerika, gibt es Millionen Menschen, die ständig schreiben, schreiben, schreiben ... Jene, die schreiben, verlieren pro Jahr jede Menge Zeit in der Größenordnung von 131.400 x X.

Ja, Shaw kann uns auf drastische Weise daran erinnern, wie leicht man seinen Sinn für Verhältnismäßigkeit verliert, wenn es um Sprache geht und man von ihr besessen ist.

Andererseits schreibt er immer noch besser über Sprache als andere Menschen. In »The Author« vom April 1902 legte er seine »Notes on the Clarendon Press Rules for Compositors and

Readers« nieder, die nicht nur einen brillanten Angriff auf jene »ordinären Bazillen« (Apostrophe) enthalten, die so unnötig in Wörtern wie »dont« und »shant« auftauchen, sondern auch einen wundervollen Abschnitt über Kursivschrift. Vielleicht wurde der »Guardian« davon inspiriert:

> Nicht nur, dass Titel und Überschriften nicht in Kursivschrift gedruckt werden sollten; das gebräuchliche hässliche und unnötige Anführungszeichen sollte endlich abgeschafft werden. Lassen Sie mich ein Beispiel anführen. 1. Ich las Der Kaufmann von Venedig. 2. Ich las »Der Kaufmann von Venedig.« 3. Ich las *Der Kaufmann von Venedig*. Derjenige, der nicht erkennt, dass die Nr. 1 am besten aussieht, sollte nichts anderes als Anzeigen für vermisste Hunde oder Eisenwarenkataloge drucken: In die Literatur jedenfalls sollte er sich nicht einmischen.

Individuelle Obsessionen hatten im 20. Jahrhundert wenig Einfluss auf die Entwicklung der Zeichensetzung (Shaw besaß nur wenige Gefolgsleute, und kein Mensch erinnert sich heute noch an die Futuristen), aber die Zeichensetzung veränderte sich durch andere Formen kultureller Entwicklung. Die Silbentrennung hat sich in den vergangenen hundert Jahren gewaltig verändert, ebenso die Großschreibung und die Anordnung und Schreibweise von Adressen:

Andrew Franklin
Profile Books
58A Hatton Garden
London EC1N 8LX

Diese Anschrift enthält überhaupt keine Satzzeichen. Vor 20 Jahren hätte man sie so geschrieben:

Andrew Franklin, Esq.,
Profile Books, Ltd.,
58A Hatton Garden,
London, E.C.1

Wer noch gelernt hat, Abkürzungen mit einem Punkt zu beenden, musste sich umstellen, weil es in unserer Zeit nicht mehr verlangt wird. Ich schreibe heute nicht mehr *pub.* oder *'bus*, aber ich bin ziemlich sicher, dass ich vor 25 Jahren, als ich das Journalistenhandwerk lernte und dies die Regel war, so geschrieben habe. Amerika hat einige der formalen Nettigkeiten, die wir aufgegeben haben, beibehalten, so auch den Doppelpunkt nach der formalen Briefanrede *Dear Mr. Baker:* – während wir schon ein Komma an dieser Stelle für fragwürdig halten.

Andere große Veränderungen in der Zeichensetzung wiederum stören die meisten nicht so sehr. Wer sagt heute etwa: »You can find it under BBCWORLD full stop com.« Selbst die Pingeligsten haben sich mit »dot« statt full stop in unserer Sprache angefreundet. Es gab auch andere Revolutionen, die so unauffällig abliefen, dass kaum jemand sie bemerkte. Leerzeichen fielen weg, andere wurden zur Selbstverständlichkeit, niemand ging auf die Barrikaden. Semikolons und Doppelpunkte wurden früher mit einem Zwischenraum vor und nach dem Zeichen freigestellt. Heute gibt es sie nur noch mit den Zwischenraum danach. Nach einem Punkt kamen früher zwei oder gar drei Leerschritte. Heute reduzieren die Textverarbeitungsprogramme den Zwischenraum nach dem Punkt automatisch auf einen Leerschritt.

Ich möchte damit sagen, dass wir Satzzeichenliebhaber im Multimediazeitalter gar nicht so unbeweglich sind, wie es vielleicht aussehen mag. Außerdem sollten wir uns vor Überreaktionen hüten. Wer »Netspeak« mit Orwells *1984* und dem darin kolportierten »Newspeak« gleichsetzt, weil zusammengeschriebene Wörter wie »thoughtcrime« und »doubleplusgood« eine oberflächliche Ähnlichkeit mit »chatroom« und »newsgroup« haben, sollte diese Assoziation kritisch prüfen, weil das Internet, zumindest bei uns, nicht von einer Person oder Instanz kontrolliert, nicht zur Unterdrückung benutzt wird und es unbegrenzt ist: Es ist für alles Mögliche offen, es gibt sogar Chatrooms, in denen, so unglaublich es klingt, Zeichensetzung diskutiert wird. Eine Website namens »halfbakery« ermuntert Korrespondenten mit so klangvollen Namen wie »gizmo« oder »cheeselikesubstance« zum Gedankenaustausch über die Zeichensetzungsreform. Von dieser Seite kam die ansprechende Idee, die Tilde zu verwenden, um schwierige Pluralbildungen wie »bananas« übersichtlicher zu gestalten. 2001 machte hier auch jemand den Vorschlag, ein umgekehrtes Fragezeichen bei rhetorischen Fragen einzuführen ... 18 Monate lang hing dieser Vorschlag im Raum, bis »Drifting Snowflake« zur Aufklärung beitrug: Das umgekehrte Fragezeichen als rhetorisches Fragezeichen gibt es bereits: »... eingeführt im 6. Jahrhundert, doch nur ungefähr dreißig Jahre in Gebrauch.«

Mannomann! Ob »Drifting Snowflake« wohl männlich und unverheiratet ist?

Wie soll man die Sprache nennen, die durch diese neue Form der Kommunikation entsteht? Netspeak? Weblish? Egal, wie man sie nennen will, Linguisten sind im Allgemeinen ganz angetan von ihr. Naomi Baron nannte Netspeak einen »entstehenden Sprachzentauren – teils Rede, teils Schrift«, und David Crystal sieht sie als echtes »drittes Medium«. Aber ich weiß nicht so recht. Truman Capote sagte vor Jahren über Jack Kerouac: »Er schreibt nicht, er tippt.« Ich glaube, das, was wir heute mit diesem Instant-Medium tun, ist weder schreiben noch tippen. Es ist lediglich ein »Senden/Empfangen«. Was hast du heute gemacht? Habe eine ganze Menge Zeug versendet. Wenn früher wertvolle Bürozeit dadurch verloren ging, dass sich Angestellte am Getränkeautomaten herumdrückten, geht sie nun durch Leute verloren, die Witze von anderen an ihren gesamten E-Mail-Verteiler versenden. Man schickt Bilder, Videos, Web-Adressen, Sermone, Petitionen und natürlich auch falsche Viruswarnungen, für die man sich dann entschuldigen muss. Medium und Nachricht waren noch nie so eng miteinander verbunden. Und wie ist es, wenn wir persönliche Mitteilungen schreiben? Wie oft hört man die Leute jammern, dass E-Mails den Ton, den Klang der Stimme unterdrücken, dass es schwer ist zu unterscheiden, ob jemand einen Scherz macht oder nicht. Weshalb auch so häufig Bindestrich und Kursivschrift und Großschreibung verwendet werden

(»I AM joking!«), um dies auszugleichen. Deshalb auch die Emoticons, der größte – oder, je nach Standpunkt, hilfloseste Fortschritt in der Zeichensetzung –, seit unter Karl dem Großen das Fragezeichen eingeführt wurde.

Über Emoticons ist bereits alles bekannt. Emoticon ist der richtige Name für ein Smiley-Zeichen: :-)

Sie wollen die richtigen Wörter in der richtigen Reihenfolge finden und die Aufmerksamkeit des Lesers durch raffinierte Zeichensetzung beeinflussen? Vergessen Sie's. Fügen Sie nur das richtige Emoticon hinzu, und jeder wird wissen, was Sie gerade irgendwie ausdrücken wollten. Jeder, der auch nur das geringste Interesse an Zeichensetzung hat, hat doppelt Grund, wegen der Emoticons traurig zu sein. Nicht nur, dass Emoticons ein armseliger Ersatz dafür sind, sich richtig auszudrücken; sie sind auch von Leuten erfunden worden, die offenbar glaubten, die Satzzeichen auf der Tastatur sehnten sich nach einer dekorativen Funktion. Wenn man diese zwei komischen Punkte von der Seite betrachtet, könnten es ein paar Augen sein. Und dieses gebogene Etwas? Oh, das ist ein Mund, schau mal! Hey, ich glaube, da haben wir wirklich was entdeckt:

:-(Ooch, jetzt isses traurig!
;-) Und jetzt zwinkert's, hihihi.
:-r Hey, es streckt die Zunge raus.
:-O überrascht!
<:-) dämlich!

Es reicht! Gerade fällt mir noch ein dritter Grund dafür ein, Emoticons zu verabscheuen: Sollten sie mal aus der Mode kommen, werden künftige Generationen umso eher die guten alten Satzzeichen für ein ziemlich primitives Auslaufmodell der grafischen Vergangenheit halten und sie noch mehr ablehnen.

»Warum gibt's denn immer noch diese ganzen Tasten mit den dots und spots und Augen und Mündern und so? *Niemand* verwendet heute noch Smileys.«

Wo bleiben nun nach all dem die Satzzeichenliebhaber? Wir sollten uns daran erinnern, wie deprimierend die Voraussagen vor dem Internet-Zeitalter für das Überleben der Sprache waren. Vor 30 Jahren nahm man an, dass das Fernsehen der ultimative Feind der Schreib- und Lesefähigkeit sei und das geschriebene Wort unter dem Ansturm von Bildern und Ton schnell aussterben würde. Solche Ängste haben sich aufgelöst. Durch E-Mails und Textnachrichten ist Lesen und Schreiben heute mehr denn je zum Medium des täglichen Lebens geworden. Die Textnachrichten mögen Besorgnis erregende Kurzschrift verbreiten(»CU B4 8?«), doch jedes Mal, wenn irgendwo ein Handy klingelt, sollte man dankbar sein für dieses technologische Wunderwerk, das uns vor jener prophezeiten Zukunft, in der niemand mehr lesen und schreiben kann, bewahrt hat. David Crystal schreibt in seinem Buch *Language and the Internet*, dass das Internet zu einer spielerischen und kreativen, immer noch anhaltenden Beziehung mit dem geschriebenen Wort ermutigt. »Die menschliche Sprachfähigkeit scheint in gutem Zustand zu sein«, folgert er. »Netspeak zeigt uns homo loquens von der besten Seite.«

Der Zeichensetzung, wie wir sie heute kennen, stehen sicherlich harte Zeiten bevor. Vor dem Aufstieg des Internets war die Zeichensetzung sehr konservativ, was neue Zeichen anging; so sträubte man sich jahrzehntelang, als ein neumodisches und ziemlich dämliches Symbol, »Interrobang« genannt und 1962 eingeführt, versuchte, in der Verkleidung eines Fragezeichens vor einem Ausrufezeichen das System zu infiltrieren. In Sätzen wie: »Where did you get that hat?!«, benötige man, so wurde gesagt, das Interrobang, um den vollen Ausdruck vermitteln zu können. Niemand war auch nur im Entferntesten bereit, dem neuen Zeichen eine Existenzberechtigung zuzugestehen. Doch ich bin mir sicher, dass es geschehen wird, sobald sie es wieder ausgraben. Alles Neue wird heute begrüßt. Die Leute experimentieren mit Sternchen und auch mit spitzen Klammern, um schriftlich die Betonung zu verstärken: »What a day I've had!«, »So have <I>!«

Ja, das Interrobang wird schließlich auch sein Plätzchen finden – besonders weil sein Name suggeriert, es handele sich um ein Polizeiverhör, das durch einen *Bang* beendet wurde ...

> »Wissen Sie noch, was wir früher mal den solidus (/) nannten? Den ›stroke‹?«
> »Ja, man kann hier noch die Einschusslöcher sehen, Sir; hier gibt es mehrere back slashes. Und da ist ein forward slash. Ich würde dies eine Wutattacke nennen. Hat denn jemand den Interrobang gehört?«
> »Oh ja. Die Nachbarin war zeitweise taub. Was ist das?«
> »Ah. Das sieht man heute nicht mehr so oft. Es ist ein Emoticon. Halten Sie den Kopf etwas geneigt, und dann sehen sie, dass es zu zwinkern scheint.«
> »Guter Gott! Sie meinen – ?«
> »Das ist der Mund.«
> »Sie meinen – ?«
> »Und das ist die Nase.«
> »Gute Güte. Dann ist das – «
> »Oh ja, Sir. Da gibt es keinen Zweifel, Sir. Der Satzzeichenmörder hat wieder zugeschlagen.«

Haben wir wirklich eine Chance, an der alten Zeichensetzung und Grammatik, die man kennt und liebt, festzuhalten? Gelegentlich flackert Hoffnung auf und erlischt auch wieder. Im Mai 1999 schrieb Bob Hirschfield in der »Washington Post« über ein Computervirus, das sich im Internet ausbreitet und »heimtückischer ist als die Tschernobyl-Bedrohung«. Was macht dieses Virus? Das Strunkenwhite-Virus, genannt nach *The Elements of Style* von William Strunk und E. B. White, einer klassischen amerikanischen Stilfibel, verhindert die Weiterleitung von E-Mails mit Grammatikfehlern. Konnte das wahr sein? Sollte es wirklich möglich sein, die Welt mit einem *stroke* / oder einem *back slash* \ zu retten? Leider nein. Die Geschichte war komplett erlogen. Hirschfield wollte damit lediglich satirisch die Lust des Publikums an hochgradig unwahrscheinlichen Virengeschichten aufspießen. Dabei zeichnete er jedoch eine so himmlische Vision von einer Zukunft grammatikalischer Glückseligkeit, dass er die Herzen vieler Satzzeichen-Liebhaber brach:

Das Virus verursacht so etwas wie Panik in der gesamten Geschäftswelt Amerikas, die sich an die im Cyberspace akzeptierten Tippfehler, das falsche Buchstabieren, die fehlenden Wörter und die verworrene Syntax gewöhnt hat. Der Geschäftsführer von LoseItAll.com, einem Internet-Startup meinte, gegen das Virus sei er machtlos. »Als ich heute morgen eine E-Mail versenden wollte, bekam ich jedes Mal die Fehlermeldung: ›Der Hauptsatz, der dem Nebensatz vorausgeht, muss durch Kommas getrennt werden, aber vor einer Konjunktion darf kein Komma stehen.‹ Ich warf meinen Laptop quer durchs Büro.«
Falls Strunkenwhite das Versenden von E-Mails unmöglich macht, könnte dies das Ende einer Revolution der Kommunikation bedeuten, die einst als große Zeiteinsparung gepriesen worden ist. Eine Studie mit 1.254 Büroangestellten in Leonia, N. J., hat ergeben, dass das Versenden von E-Mails die Produktivität der Beschäftigten um 1,8 Stunden pro Tag erhöht, weil sie weniger Zeit brauchen, um ihre Gedanken zu formulieren. (In derselben Studie wurde übrigens auch festgestellt, dass 2,2 Stunden an Produktivität verloren gehen, weil sie zu viele Witze an ihre Lebensgefährten, Eltern oder Börsenmakler verschicken.)
»Strunkenwhite zählt zu den schwierigsten und invasivsten Computerviren überhaupt. Es ist unvorstellbar, wie bösartig jemand sein muss, der auf diese Weise in die E-Mails eingreift und die Kommunikation insgesamt so sehr belastet«, sagte ein FBI-Agent am Telefon, um nicht Stunden damit zu verbringen, eine E-Mail zu verfassen, die dem Virus standhält.

Hirschfields Geschichte endete mit der – leider nur erfundenen – Mitteilung:

> Unterdessen melden Buchhändler und Online-Bookshops eine Flut von Bestellungen für Strunk & Whites Stilfibel *The Elements of Style*.

Lohnt es sich angesichts all unserer Erkenntnisse über die augenblicklich stattfindenden ungeheuren Veränderungen im Bereich der Sprache und über die Schwächen des derzeit noch gültigen Zeichensetzungssystems überhaupt noch, für die 17. Kommaregel oder für den Erhalt des Apostrophs zu kämpfen? Ist es nicht so, dass Zeichensetzung letztlich eine Sammlung von Konventionen ohne Wert an sich ist? Man kommt nicht darum herum, sich an Lewis Carrolls *Die Jagd nach dem Schatz* zu erinnern. Der Captain entrollt eine leere Landkarte und fragt die Mannschaft, was sie darüber denkt:

> »Was nützt uns Mercator mit Pol und Äquator,
> mit Tropen und Loxodrom?«
> Fragt der Captain. Und schon tönt die Mannschaft im Chor:
> »Das ist alles doch bloß Konvention!«

Doch nach einer Reise durch die Welt der Zeichensetzung und der Entdeckung, was sie alles bewirken kann, bin ich mehr als zuvor davon überzeugt, dass man unbedingt für den Erhalt der Zeichensetzung kämpfen sollte. Wer will denn schon eine leere Landkarte? Es steht mehr auf dem Spiel als nur die Lese- und Schreibgewohnheiten der Menschheit. Wie hat die »Washington Post«-Geschichte die Verdienste der E-Mail beschrieben? Sie »steigert die Produktivität der Beschäftigten um 1,8 Stunden pro Tag, *weil sie weniger Zeit benötigen, ihre Gedanken zu formulieren*. Bedenkt man, wie jahrhundertelang das Denken durch das gedruckte Wort angeregt, gefördert und trainiert wurde, darf man nicht zulassen, dass die Sprache wieder zum chaotischen *scriptio continua* zurückkehrt, dem sie vor zweitausend Jahren tapfer entkommen ist. Unsere Sprache ist voller Vieldeutigkeiten. Die Ausdrucksweise ist häufig komplex und voller Anspielungen, poetisch und moduliert. Alle Gedanken können mit absoluter Klarheit geäußert werden, wenn man sich die Mühe macht, die richtigen Satzzeichen an den richtigen Stellen zwischen den Wörtern zu platzieren. Richtige Zeichensetzung ist Ausdruck klaren Denkens. Ohne sie wird das Ausmaß intellektueller Verarmung unvorstellbar sein.

Eine der besten Beschreibungen der Zeichensetzung steht in *The Fiction Editor, the Novel and the Novelist* von Thomas McCormack. Er sagt, Aufgabe der Zeichensetzung sei es, »mit dem Leser in Pausen, Abwandlungen, Verknüpfungen und Zusammenhänge hinein zu tanzen, die ein gesprochener Satz vermitteln würde«:

Punctuation to the writer is like anatomy to the artist: He learns the rules so he can knowledgeably and controlledly depart from them as art requires. Punctuation is a means, and its end is: helping the reader to hear, to follow.
Zeichensetzung ist für den Autor wie Anatomie für den Künstler: Er erlernt die Regeln, damit er, wie es die Kunst verlangt, kenntnisreich und beherrscht von ihr Abstand nehmen kann. Zeichensetzung ist ein Mittel, und dessen Bestimmung ist: dem Leser behilflich zu sein zu hören, zu folgen.

Und hier der Witz an der Sache: Wenn all diese hochmoralischen Argumente nicht wirken, sollte man sich daran erinnern, dass Unkenntnis bei der Zeichensetzung einen gewaltigen Einfluss auf das Weltgeschehen haben kann. Im Februar 2003 erhielt der in Cambridge arbeitende Dozent für Politikwissenschaft Glen Rangwala eine Fassung des jüngsten Regierungsdossiers über den Irak. Er erkannte in diesem Dossier sehr schnell eine Kopie der seit zwölf Jahren allgemein zugänglichen Doktorarbeit des Amerikaners Ibrahim al-Marashi, die »Wort für Wort, falsch gesetztes

Komma für falsch gesetztes Komma« abgeschrieben worden war. Ragwala bemerkte, dass es geringe Abweichungen vom Original gab – so wurde zum Beispiel die Wendung »oppositionelle Gruppen« durch das Wort »Terroristen« ersetzt. Ansonsten war die Kopie identisch mit dem Original. Er veröffentlichte seine Entdeckungen und schrieb:

> Sogar die Satzfehler und der ungewöhnliche Gebrauch der Grammatik wurden von der Downing Street übernommen. So hatte Marash zum Beispiel geschrieben: »Saddam appointed, Sabir 'Abd al-'Aziz al Duri as head« ...

Man bemerke das falsch gesetzte Komma. Die Beamten, die Marashis Text verwendeten, haben es nicht bemerkt.

So werden die Regeln der Zeichensetzung ignoriert, zum politischen Schaden und zum moralischen Nachteil. Als vor langer Zeit Roger Casement »an einem Komma aufgehängt« worden ist, wer hätte sich vorstellen können, dass die britische Regierung neunzig Jahre später von einem Kommafehler entlarvt werden könnte? Ist das nicht gut? Ja, und wie!

Danksagung

Ich danke den vielen Autoren, die Schwerarbeit geleistet haben, um all die Regeln für die Zeichensetzung zu formulieren, die ich zweifelsohne in diesem Buch durcheinander gebracht habe. G.V. Careys *Mind the Stop* (1939) und Eric Partridges *You have a Point There* (1953) sind anerkannte Klassiker auf diesem Gebiet.

Autoren wie David Crystal, Loreto Todd, Graham King, Keith Waterhouse, Tim Austin, Kingsley Amis, Philip Howard, Nicholson Baker, William Hartston und R. L. Trask haben mich inspiriert. Besonderen Dank an Cathy Stewart, Anne Baker und Gillian Forrester, sowie an Penny Vine, die mich als Erste auf die Fährte setzte. Nigel Hall erzählte mir den Panda-Witz; Michael Handelzalts erklärte mir die Bedeutung des Fragezeichens in der hebräischen Sprache, und Adam Beeson zeigte mir, wo ich auf der Computertastatur den Gedankenstrich finden konnte. Berufslektoren haben versucht, mein Kommagewirr zu glätten und mich vor Peinlichkeiten zu bewahren. Ich danke ihnen sehr. Sind dennoch Fehler in diesem Buch, dann sind es ganz allein meine.

Schließlich möchte ich noch Andrew Franklin für seine engagierten Beiträge während meiner Arbeit am Buch danken und den Hunderten von Lesern, die auf Artikel in »The Daily Telegraph« und »The Author und Writers' News« geantwortet haben. Es war wohltuend zu wissen, dass ich nicht allein stehe.

Bibliografie

Robert Allen: *Punctuation*, Oxford University Press, 2002.
Kingsley Amis: *The King's English: a guide to modern usage*, Harper-Collins, 1997.
Anon, *A Treatise of Stops, Points, or Pauses, and of notes which are used in Writing und Print*, 1680.
Tim Austin: *The Times Guide to English Style and Usage*, Times Books, 1999.
Nicholson Baker: »Die Geschichte der Interpunktion«, in *U & I Wie groß sind die Gedanken?*, Übersetzung: Eike Schönfeld, Rowohlt Taschenbuch Verlag, 1999.
– *Zimmertemperatur*, Übersetzung: Eike Schönfeld, Rowohlt Taschenbuch Verlag, 1995.
Sven Birkerts: *The Gutenberg Elegies: the fate of reading in an electronic age*, Ballantine, 1994.
Bill Bryson: *Mother tongue: the English language*, Hamish Hamilton, 1990.
– *Troublesome Words*, third edition, Viking, 2001.
R. W. Burchfield: *The New Fowler's Modern English Usage*, revised third edition, Oxford University Press, 1998.
Rene J Cappon: *The Associated Press Guide to Punctuation*, Perseus Publishing, 2003.
G. V. Carey: *Mind the Stop: a brief guide to punctuation with a note on proof-correction*, Cambridge University Press, 1939.
– Punctuation, Cambridge University Press, 1957.
David Crystal: *Cambridge Encyclopedia of the English Language*, Cambridge University Press, 1995.
– *Language and the Internet*, Cambridge University Press, 2001.
Kay Cullen *(ed.)*: *Chambers Guide to Punctuation,* Chambers, 1999.
H. W. Fowler: *The King's English*, Clarendon Press, Oxford University Press, 1906.
Karen Elizabeth Gordon: *The New Well-Tempered Sentence. A punctuation handbook for the innocent, the eager, and the doomed*, Houghton Mifflin, 1993.
Ernest Gowers: *Plain Words: a guide to the use of English*, HMSO, 1948.

Cecil Hartley: *Principles of Punctuation: or, The Art of Pointing*, 1818.
Philip Howard: *The State of the Language: English observed*, Hamish Hamilton, 1984.
F. T. Husband and **M. F. A. Husband:** *Punctuation, its Principles and Practice*, Routledge, 1905.
Ben Jonson: *English Grammar*, 1640.
Graham King: *Punctuation*, HarperCollins, 2000.
Thomas McCormack: *The Fiction Editor, the Novel, and the Novelist*, Sidgwick & Jackson, 1989.
John McDermott: *Punctuation for Now*, Macmillan, 1990.
Malcolm Parkes: *Pause and Effect: an introduction to the history of punctuation in the West*, Scolar Press, 1992.
Eric Partridge: *Usage and Abusage: a guide to good English*, Hamish Hamilton, 1947.
– *You have a Point There*, Hamish Hamilton, 1953.
Joseph Robertson: *An Essay on Punctuation*, 1785.
Paul A. Robinson: »The Philosophy of Punctuation«, in *Opera, Sex, and Other Vital Matters*, Chicago University Press, 1997.
Paul Saenger: *Space between Words: the origins of silent reading*, Stanford University Press, 1997.
Reginald Skelton: *Modern English Punctuation*, Pitman, 1933.
Gertrude Stein: »Poetry and Grammar«, in *Look at Me Now and Here I Am: Writings and lectures 1911-45*, Peter Owen, 1967 (Wiederauflage in Vorbereitung).
– *Was ist englische Literatur?* Zürich, 1965.
William Strunk and **E. B. White:** *The Elements of Style*, fourth edition, Longman, 2000.
Abraham Tauber (ed.): *George Bernhard Shaw on Language*, Peter Owen, 1965.
James Thurber: *The Years with Ross*, Hamish Hamilton, 1959.
James Thurber (eds. Helen Thurber and Edward Weeks): *Selected Letters of James Thurber*, Hamish Hamilton, 1982.
Loreto Todd: *Cassell's Guide to Punctuation*, Cassell & Co., 1995.
R. L. Trask: *The Penguin Guide to Punctuation*, Penguin, 1997.
William Vandyck: *Punctuation Repair Kit*, Hodder Headline, 1996.
Bill Walsh: *Lapsing into a Comma: a curmudgeon's guide to the many things that can go wrong in print – and how to avoid them*, Contemporary Books.

Keith Waterhouse: *English Our English (and How to Sing It)*, Viking, 1991.
- *Sharon & Tracy & the Rest: the best of Keith Waterhouse in the Daily Mail*, Hodder & Stoughton, 1992.
- *Waterhouse on Newspaper Style*, Viking, 1989.

Duden – *Die Deutsche Rechtschreibung*, 23. Auflage, Dudenverlag, 2004.

Duden – *Komma, Punkt und alle anderen Satzzeichen*, 4., überarbeitete Auflage, Dudenverlag, 2002.

Webster's *Encyclopedic Unabridged Dictionary of the English Language*, Gramercy Books, 1998.

Langenscheidts Enzyklopädisches Wörterbuch, *Der Große Muret-Sanders*, Langenscheidt, 1996.

Gert Ueding Hg.: *Historisches Wörterbuch der Rhetorik*, Max Niemeyer Verlag, 1998.

Charles Dickens: *Große Erwartungen*, Übersetzung: Margit Meyer, Aufbau TB verlag, Berlin, 1997.

Filippo Tommaso Marinetti: *Futuristische Dichtung*, Joan Bleicher (Hg.), Übersetzungen: Else Hadwiger, Uni& GHS Siegen, 1984, Reihe Vergessene Autoren der Moderne IV, F.-J. Weber & K. Riha (Hg.).

George Bernhard Shaw: *Helden*, Übersetzung. Wolfgang Hildesheimer, Suhrkamp, 1990.

Anton Tschechow: »Das Ausrufezeichen« in: *Erzählungen zur Weihnachtszeit*, Gütersloh, 1995.

Evelyn Waugh: *Der Knüller*, Übersetzung: Elisabeth Schnack, Diogenes, 1984.

> VERLAGSANZEIGEN

Bitte besuchen Sie uns: www.Autorenhaus.de

Deutsches Jahrbuch für Autoren, Autorinnen 2005 | 2006

Schreiben und Veröffentlichen: Theater, Film/TV, Hörmedien, Buch – 3000 Medien-, Literatur und Verlagsadressen, Programme, Manuskriptwünsche und aktuelle Themen

Unabhängig und frei von bezahlten Anzeigen!
1022 Seiten · Hardcover
ISBN 3-932909-33-x

Erscheint regelmäßig, jeweils mit neuen Autorenthemen, praxisbezogenen Hinweisen, aktuellen Informationen zu: Kreatives Schreiben, Lyrik, Krimi, Fantastik, Kinderbuch, Sachbuch, Hörspiel, Theater, Drehbuch – mit Anschriften.

Schwerpunkt Verlagssuche:
> Adressen aus dem Literaturbetrieb: Literaturagenturen, -häuser, -zeitschriften
> Verlagsadressen mit Programmindex, über 6000 Stichworteinträge
> Manuskriptwünsche der Verlage zu Themen, Angebotsweise und Angebotsform
> Literaturpreise, Stipendien

»Das neue Jahrbuch für Autoren gibt der Literatur ihre Adressen.« Süddeutsche Ztg.

»Übertrifft allein schon von seinem Umfang her alle anderen (zudem teureren) Handbücher ähnlichen Zwecks. ... In dieser Ausführlichkeit ist das überarbeitete Verlagsverzeichnis des Jahrbuchs einzigartig.« Federwelt

News für Autoren · Kurse · Ausschreibungen · Tipps

Bitte besuchen Sie uns: www.Autorenhaus.de

ALEXANDER STEELE (HG.)
Creative Writing: Romane und Kurzgeschichten schreiben

Mit einer Kurzgeschichte von Raymond Carver

Deutsch von Kerstin Winter
328 Seiten · Deutsche Erstausgabe 2004
ISBN 3-932908-48-8

Aus der berühmten New Yorker Schule für Autoren: Die Grundlagen des kreativen Schreibens – Plots, Charaktere, Erzählperspektive, Stimme, Beschreibung, Dialoge, Spannung, Überarbeitung – werden anhand zahlreicher Beispiele aus der Literatur vermittelt. Raymond Carvers Kurzgeschichte *Kathedrale* ist komplett abgedruckt und wird in verschiedenen Kapiteln des Buchs analysiert.

THOMAS DE QUINCEY
Der Mord als eine schöne Kunst betrachtet

Neu herausgegeben von Gerhild Tieger
160 Seiten · 2004 · ISBN 3-932909-42-9

Man beginnt allmählich einzusehen, dass zur künstlerischen Vollendung einer Mordtat doch etwas mehr gehört als ein Messer, eine Börse, eine dunkle Gasse und zwei Schafsköpfe, von denen der eine dem anderen den Hals durchschneidet.

»Mit seinem kühnen Essay ›Der Mord als eine schöne Kunst betrachtet‹ ist der englische Romantiker Thomas de Quincey so etwas wie **der Schutzheilige des Kriminalromans** geworden.« (*Der Spiegel*)

De Quinceys Essay über den Mord ist selbst nach fast zwei Jahrhunderten ein zeitloses Meisterwerk – Pflichtlektüre für jeden Krimiautor.

News für Autoren · Kurse · Ausschreibungen · Tipps

Bitte besuchen Sie uns: www.Autorenhaus.de

RAY BRADBURY
Zen in der Kunst des Schreibens

*Ideen finden durch Assoziation
Arbeiten wie im Fieber
Das kreative Denken befreien*

Deutsch von Kerstin Winter
172 Seiten · Deutsche Erstausgabe 2003
ISBN 3-932909-70-4

Ray Bradbury, einer der großen Schriftsteller des 20. Jahrhunderts, verrät Erfolgstechniken für das Schreiben von Kurzgeschichten, Romanen, Stücken und Drehbüchern. Seine Rezepte sind hinreißend, spontan und ermutigend.

»Sehr interessante Tipps ... eine gute Inspirationsquelle.« (*Buchkultur*)

NATALIE GOLDBERG
Schreiben in Cafés

Deutsch von Kerstin Winter
200 Seiten · Neuausgabe 2003
ISBN 3-932908-65-8

Natalie Goldberg ist Schriftstellerin, Dichterin und Dozentin. Sie lehrt an Universitäten und in Schreibwerkstätten ihre Methoden des kreativen Schreibens, die sie in diesem Buch zusammengefasst hat. Von der Originalausgabe wurden mehr als eine Million Exemplare verkauft, das Buch wurde in neun Sprachen übersetzt.
»Schreiben in Cafés ist **ein ganz wunderbares Buch** über das Schreiben, das hoch motiviert, immer den Stift in der Hand zu halten und zu schreiben, egal ob man Laie, Autodidakt oder professioneller Schriftsteller ist.« (*Radio Berlin Brandenburg*)

News für Autoren · Kurse · Ausschreibungen · Tipps

Bitte besuchen Sie uns: www.Autorenhaus.de

ALICE W. FLAHERTY
Die Mitternachtskrankheit

Warum Schriftsteller schreiben müssen. Schreibzwang, Schreibrausch, Schreibblockade

Deutsch von Käthe Fleckenstein
382 Seiten · Deutsche Erstausgabe 2004
ISBN 3-932908-39-9

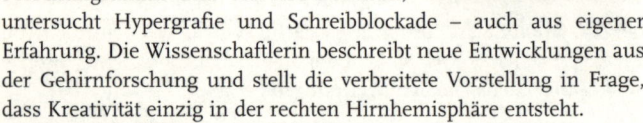

Alice Flaherty, leitende Neurologin an einer Forschungsklinik und Harvard-Dozentin, untersucht Hypergrafie und Schreibblockade – auch aus eigener Erfahrung. Die Wissenschaftlerin beschreibt neue Entwicklungen aus der Gehirnforschung und stellt die verbreitete Vorstellung in Frage, dass Kreativität einzig in der rechten Hirnhemisphäre entsteht.
»Ein facettenreiches, leidenschaftlich argumentierendes Buch.«
(Süddeutsche Zeitung)

ANNE LAMOTT
Bird by Bird – Wort für Wort

Anleitungen zum Schreiben und Leben als Schriftsteller

240 Seiten · Deutsche Erstausgabe 2004
ISBN 3-932909-44-5

Drei Bücher über das Schreiben sollten Sie unbedingt lesen: Natalie Goldbergs *Schreiben in Cafés*, Ray Bradburys *Zen in der Kunst des Schreibens* und Anne Lamotts *Bird by Bird – Wort für Wort*.

»*Bird by Bird* beschreibt absolut passend die geradezu poetische, oft sehr witzige und selbstironische Art Lamotts, das Leben als Schriftstellerin zu meistern und aus eigenen, tragikomischen Erfahrungen hilfreiche und motivierende Tipps ... zu formulieren.« *(Uni Spezial)*

News für Autoren · Kurse · Ausschreibungen · Tipps

Bitte besuchen Sie uns: www.Autorenhaus.de

LAJOS EGRI
Dramatisches Schreiben
Theater – Film – Roman

Deutsch von Kerstin Winter
344 Seiten · Deutsche Erstausgabe 2003
ISBN 3-932909-58-5

Lajos Egri, Gründer der Egri School of Writing in New York, Autor von Prosa- und Theaterstücken, schrieb das als Standardwerk anerkannte Buch *Dramatisches Schreiben*; es wurde in 18 Sprachen übersetzt. Egris Bücher gehören an vielen Universitäten in aller Welt zum Lehrstoff.

»Es ist das eine Buch, auf dem alle anderen basieren.« *(Reutlinger GAZ)*
»Drehbuch-Klassiker« *(epd-Filmdienst)*

GUSTAV FREYTAG
Die Technik des Dramas

300 Seiten · Bearbeitete Neuausgabe 2003
ISBN 3-932908-57-7

Gustav Freytag entwickelte auf der Basis seiner bis heute gültigen Analysen die Grundsätze für den dramatischen Aufbau von Stoffen. Die Fünf-Akte-Struktur, der Bau der Szenen und die Entwicklung der Charaktere werden ausführlich und an vielen Beispielen dargestellt. Die Regeln, Hinweise und Empfehlungen für Autoren machen diesen Klassiker zum wertvollen und nützlichen Begleiter.

»Es geht darum ... Freytags technische Anleitungen zu bekräftigen und sie für das moderne professionelle Schreiben fruchtbar zu machen.« *(Literaturkritik)*

News für Autoren · Kurse · Ausschreibungen · Tipps

Bitte besuchen Sie uns: www.Autorenhaus.de

CLAUDE CHABROL

Wie man einen Film macht

93 Seiten · Dt. Erstausgabe 2004
ISBN 3-932909-46-1

»Schon beim Schreiben des Drehbuchs denke ich über die Auswahl der Objektive nach. Ich sage mir nicht: ›Ich versuche, die Wirkung zu bedenken, die ich erreichen möchte.‹ Denn wenn ich die Wirkung, die ich haben möchte, sehr früh im Voraus bedenke, wird sie umso subtiler sein.«

»Um zu lernen wie man einen Film macht, benötigt selbst der Unbegabte nur vier Stunden. So die zentrale These des Buchs. ... Fazit: Vier Stunden reichen. Chabrol hat es bewiesen, unterhaltsam und nützlich. Nur zu empfehlen.« *(ca:st)*

CHRISTOPHER KEANE

Schritt für Schritt zum erfolgreichen Drehbuch

Mit einem vollständigen, kommentierten Drehbuch

Vorwort von Casablanca-Autor
Julius J. Epstein
Deutsch von Kerstin Winter
408 Seiten · Deutsche Erstausgabe 2002
ISBN 3-932909-64-X

»Dieses Buch ist eine Alternative für alle, die sich nicht mit den philosophischen Betrachtungen ... aufhalten und gleich ans Eingemachte wollen. Christopher Keane verrät seine Erfolgsrezepte. Das Gütesiegel ist garantiert, wenn der Koautor von Casablanca das Vorwort verfasst.« *(Neue Zürcher Zeitung)*

News für Autoren · Kurse · Ausschreibungen · Tipps

Autorenhaus-Verlagsprogramm

Deutsches Jahrbuch für Autoren, Autorinnen
Handbuch für Erst-Autoren
Plinke: Schriftsteller – Vom Schreiben leben
Brande: Schriftsteller werden
Bradbury: Zen in der Kunst des Schreibens
Zinsser: Schreiben wie ein Schriftsteller.
  Fach- und Sachbuch

Egri: Literarisches Schreiben
Goldberg: Schreiben in Cafés
Bauer: Liebesromane schreiben
Benedict: Erotik schreiben
Beinhart: CRIME – Krimi und Thriller schreiben
Tieger: Lass laufen!
Steele, Carver: Creative Writing: Romane und
  Kurzgeschichten schreiben

Goldberg: Raum zum Schreiben
Rainer: Tagebuch schreiben
Wieke: Gedichte schreiben
Crofts: Ghostwriter
Egri: Dramatisches Schreiben
Freytag: Die Technik des Dramas
Keane: Schritt für Schritt zum erfolgreichen
  Drehbuch – mit Original-Drehbuch

Lazarus: Professionelle Drehbücher schreiben
Bronner: Schreiben fürs Fernsehen
Script-Markt. Handbuch Film & TV
Chabrol: Wie man einen Film macht
Strubel: Komm zum Film
Plinke: Mini-Verlag

Barrington: Erinnerungen schreiben
Tieger: Autobiografie in 300 Fragen
Lamott: Bird by Bird – Wort für Wort
Flaherty: Die Mitternachtskrankheit
Goldberg: Wild Mind – Freies Schreiben
Truss: Hier steht was alle suchen

www.Autorenhaus.de

Autorenhaus.de

Die deutsche Ratgeber-Homepage
für alle, die schreiben und veröffentlichen

Service für Autorinnen und Autoren

Informationen & Adressen

- Alle News für Autoren
- Alle aktuellen Seminare
- Besuch Leipzig-Messe
- Autoren-Café NEU
- Dienstleister-Datenbank
- Ms-Formatierungen NEU
- Titelrecherche
- Recherche für Autoren
- 39 Schreibtipps

- Autorenverbände
- Literaturbüros
- Literaturzeitschriften
- Lit-zeitschriften-online
- Verlagsadressen
- Zuschussverlage

- Tipps für Wettbewerbe
- Literaturpreise
- Literaturstipendien
- Aufenthaltsstipendien
- Buchpreise
- Hörmedienpreise
- Theaterpreise

- Filmförderung
- Filmkanon
- Schriftstellerfilme
- Filmwörterbuch
- No-No-Fragen
- Original-Drehbücher
- Filmfehler

- Sprachlos
- Goethes Verbote
- Das Unwort des Zeitalters
- Wörter des Jahres
- Reimhilfe für Dichter
- Autoren-Schreibtisch
- Der spitze Stift
- Autoren-Bibliothek

Aktuelle News

Immer auf dem Laufenden mit unserem kostenlosen Autoren-Newsletter

Günter Grass für die Stärkung der Urheber
19.01.2005
VS-Vorsitzender Fred Breinersdorfer befürchtet "gesetzliche Vernichtung von Autorenrechten im Film
weiterlesen...

Das neue Jahrbuch für Autoren, Autorinnen 2005/2006
18.01.2005
Mehr als 1.000 Seiten neu recherchierter Adressen und Informationen
weiterlesen...

»Buch des Jahres«
18.01.2005
Einsendeschluss: 15. März 2005
weiterlesen...

Aktuelle Seminare

20.01.2005
Bonn: Kurzworkshop "Inspiration"
Dieser Kurzworkshop befasst sich in Theorie und Pr ...
weiterlesen...

21.01.2005
Wolfenbüttel : Wir schreiben einen Roman - an einem Wochenende!
Dies ist kein herkömmliches Seminar. Eigentlich is ...
weiterlesen...

Service

Kostenloser Newsletter:
Bitte hier anmelden.
[Ihre E Mail Adresse]
⦿ anmelden ○ abmelden
[Los !]

- Diese Seite weiterempfehlen
- Als Startseite festlegen

Vergriffene Bücher suchen:
[Titel hier angeben]
[Buch suchen]

BEST - Bestseller
NEU! - NEU!
LONG - Longseller

www.Autorenhaus.de
News für Autoren · Kurse · Ausschreibungen · Tipps